動画●映像制作
が創る
クリエイティブな学び

映像表現を活用した小中高「探究学習」

山﨑 達璽 著　　平井 聡一郎 監修

JN012348

インプレス

Special Thanks ── 本書にご協力いただいた方々

授業実践者

小林 大介（鎌倉市立玉縄中学校【実践時】）

清水 佑太（ドルトン東京学園中等部・高等部）

平 眞由美（横浜市立緑園西小学校【実践時】
　　　　　現：横浜市立義務教育学校 緑園学園）

竹森 正人（柏市立逆井小学校）

布村 奈緒子（ドルトン東京学園中等部・高等部）

三室 哲哉（北鎌倉女子学園中学校高等学校【実践時】）

吉岡 遼平（鎌倉市立深沢中学校）

写真（カバー・本文）

女子生徒役：涼心（Orionsbelt Global Co.）

男子生徒役：ドルトン東京学園中等部の生徒さんたち

ヘアメイク：堀 奈津子（フリーランス）

撮影アシスタント：新宮 大悟
　　　　　　　　　（TMS東京映画映像学校30期生）

解説動画

澤津 恵利子（IKM PICTURES）

石田 博之（フリーランス）

下田 麻実（フリーランス）

白戸 阿南（ドルトン東京学園中等部3年生）

和田 真（株式会社ワークウインド）

付録（実践例執筆）

青木 元気（下仁田町立下仁田中学校）

榎本 昇（森村学園初等部）

品田 健（聖徳学園中学・高等学校）

須藤 祥代（千代田区立九段中等教育学校）

高橋 駿（下仁田町立下仁田中学校）

中川 千穂（工学院大学附属中学校・高等学校）

中島 一徳（南牧村立南牧中学校）

不破 花純（森村学園初等部）

茂木 一道（下仁田町立下仁田中学校）

吉金 佳能（宝仙学園小学校）

渡辺 紀子（下仁田町立下仁田中学校）

協力

柏市立逆井小学校

鎌倉市立大船中学校

鎌倉市立玉縄中学校

鎌倉市立深沢中学校

北鎌倉女子学園中学校高等学校

実践女子大学・同短期大学部

ドルトン東京学園中等部・高等部

山野美容芸術短期大学

横浜市立緑園西小学校

探究学舎

TMS東京映画映像学校

NPO法人ライフワーク・レインボー
　　　　　　フリースクール OZ Field

株式会社Cqree

浄智寺

常楽寺

新宿下落合 氷川神社

株式会社善用

株式会社中田デンタルセンター

花のサンライズ

評判堂 メガネのアイ

レストラン大宮

lojiura kitchen

安宅 美春

岩岡 寛人

大矢 恵子

小林 俊太

小林 真

齋藤 浩司

仲井間 善之

山口 春樹

山田 愛

渡部 和華羽

はじめに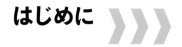

山﨑 達璽（やまざき たつじ）
映画監督／映像ディレクター／Film Educator

　幼い頃から特撮や怪獣映画が大好きだった私、山﨑達璽は、物心がついた頃には映画監督になる夢を抱いていました。その一歩を踏み出すために、大学で実践的な「映画監督術」を学びました。そして、学部の卒業制作として監督した作品がカンヌ映画祭の新人部門にノミネートされ、在学中に監督デビューの夢を果たしました。その後、映画監督の肩書のもと、映画だけでなくより幅広いジャンルの映像制作という場に活動を広げ、一方で、映像専門学校の講師としても実践的な指導を続けています。そんな中、教員向けeラーニングコンテンツの制作を通じてアクティブラーニングに出会いました。それがきっかけとなり、全国の先進的な授業を取材し、最前線の先生方のお話を聞くうちに、教育に対する私の考え方に大きなパラダイムシフトがありました。

　今でも徒弟制度がある映像業界で活動してきた私の講師としてのあり方は、一斉講義による旧態依然としたものでした。そんな私が、「学生が理解できないのは講師の指導方法が悪い。彼らを主体的にさせる方法は何か？」と常に考えるように変化しました。その結果、学生をアクティブにさせることで、学びが格段に深まることに気づいたのです。

　このような教育に対する考え方のパラダイムシフトを経て、「動画・映像を授業で扱うにはどうしたらいいか」といったご相談を受け、学校現場に呼ばれる機会が出てきました。それらの学校で、先生方と一緒に、総合的な学習（探究）の時間に映像制作に取り組み、実践するという経験を積む中で、「映像表現」を授業に取り入れる方法について議論する機会が増えました。これまでの映画監督としての実績、定期的に教壇に立つ講師としての経験、アクティブラーニングをベースにした学校現場での実践、それらを総動員することで、私は、映像表現を授業に取り入れる体系だったプログラムを開発し、提供できるということに気づきました。そして映像表現を活用した探究学習として、子どもたちのクリエイティビティを引き出す教育メソッドであるFilm Education（映像表現を通した学び）を提唱するに至りました。Film Educationは、プロの制作技術、思考の仕方そのものではなく、あくまで、本来は非常に複雑で難しいFilm Making（プロの映像制作術）から、教育にふさわしいエッセンスを抽出してアレンジを重ねたメソッドになります。

　GIGAスクール構想によりICT環境が整備された結果、探究学習のゴールに「映像表現」というアウトプットを取り入れることが可能となりました。本書では、映像表現で学びをアウトプットするPBL（Project Based Learning）としてのドキュメンタリー制作を学校現場で実践できるよう、映像制作の初歩から順に、実践事例を交えながら、ひもといています。段階的にステップアップしてドキュメンタリー制作にチャレンジすることもできますし、学校の実情に合わせて、個別の授業として実践することも可能です。さらに、映像制作を通じて身につく、これからの変化の激しい未来を生き抜くための5つのチカラについても解説しています。ドキュメンタリー制作は、中長期的なPBLの実践としてベストな手段の1つです。

　ぜひ本書を参考に学校教育にクリエイティブな学びをもたらす、はじめの一歩を踏み出していきましょう。

今なぜ授業に
映像表現が必要なのか？ >>>

平井 聡一郎
（ひら い そういちろう）
合同会社未来教育デザイン　代表社員

　今、日本の教育界は大きく変化しています。2019年に始まったGIGAスクール構想により、日本中の小中学校で児童生徒に1人1台のタブレットが整備されたり、2020年には新しい学習指導要領が始まったということが、表面的な変化として知られているでしょう。

　確かに、これまで多くの学校では、高度経済成長の時代から続く、教師主導による一斉教授型の授業が主流となっていました。さらにほとんどの学校では、40台のコンピュータが設置されたコンピュータ室が1校に1教室整備されているだけで、ICT機器の活用は十分とはいえない状況でした。このような状況が続いた結果、先生や児童生徒の情報活用能力は国際比較の中でも高いとはいえない状態となるとともに、児童生徒が社会で生きていくための資質・能力が本当に育っているのだろうかという不安感が高まってきたといえます。

　そのため、前回までの二度にわたる学習指導要領の改訂でも、指導内容の厳選や、総合的な学習の時間の創設などの改革に取り組んできました。当時としてはこれらの取り組みは大きな教育改革といえるものでしたが、結果として、その趣旨が教育現場に徹底されたり、社会全体で理解されたりすることなく、今回の学習指導要領の改訂を迎えたのではないでしょうか？

　では、今回の学習指導要領の改訂はどうなるのでしょうか？　私は、2022年度は学校教育が質的に転換した「学校DX」の年と考えています。なぜなら、今回の教育改革は、GIGAスクール構想、学習指導要領改訂という単なる文部科学省の施策による改革だけでなく、社会全体の変化を背景とした国全体によるものであるからです。経済産業省は2022年5月に出した「未来人材ビジョン」において、社会の変化に対応するため、「産業界と教育機関が一体となって、今後必要とされる能力等を備えた人材を育成することが必要である。」と訴えています。

　それは、社会全体で産業構造の変化により、各職種で求められるスキル・能力の需要度が変化していることによります。つまり「社会の求めるスキルが変わった」ということであり、児童生徒の目線で考えれば「社会を生きていくためのスキルが変わった」ともいえるわけです。スポーツで例えれば「ルールが変わった」のですから、学校教育はその変わったルールに対応することが求められるということです。

　さらに、このような社会の激しい変化の象徴ともいえるのが、新型コロナの流行に対する対応でした。社会全体でこれまでの当たり前が通じなくなり、学校教育においても、なかば強制的に対応を迫られた結果、前例踏襲の学校文化に、「変わってもいいんだ！変えてもいいんだ！」という意

現在は「注意深さ・ミスがないこと」、「責任感・まじめさ」が重視されるが、将来は「問題発見力」、「的確な予測」、「革新性」が一層求められる。

56の能力等に対する需要

2015年		2050年	
注意深さ・ミスがないこと	1.14	問題発見力	1.52
責任感・まじめさ	1.13	的確な予測	1.25
信頼感・誠実さ	1.12	革新性※	1.19
基本機能（読み、書き、計算、等）	1.11	的確な決定	1.12
スピード	1.10	情報収集	1.11
柔軟性	1.10	客観視	1.11
社会常識・マナー	1.10	コンピュータスキル	1.09
粘り強さ	1.09	言語スキル：口頭	1.08
基盤スキル※	1.09	科学・技術	1.07
意欲積極性	1.09	柔軟性	1.07
⋮	⋮	⋮	⋮

※基盤スキル：広く様々なことを、正確に、早くできるスキル　　※革新性：新たなモノ、サービス、方法等を作り出す能力

（注）　各職種で求められるスキル・能力の需要度を表す係数は、56項目の平均が1.0、標準偏差が0.1になるように調整している。
（出所）2015年は労働政策研究・研修機構「職務構造に関する研究Ⅱ」、2050年は同研究に加えて、World Economic Forum "The future of jobs report 2020", Hasan Bakhshi et al., "The future of skills: Employment in 2030"等を基に、経済産業省が能力等の需要の伸びを推計。

20

経済産業省「未来人材ビジョン」（2022年5月）より
出典：https://www.meti.go.jp/press/2022/05/20220531001/20220531001-1.pdf／p.21

識改革がもたらされました。特に臨時休業中のオンライン授業は、多くの先生のICT機器活用のリテラシーを向上させるとともに、家庭にいる児童生徒がいかに主体的に学ぶ授業をデザインするかという、これまでにない課題を突きつけることになりました。

　しかし、このような変化はまだまだ一部の先生に留まっているのも事実です。そこで、全国の学校に端末の整備が進み、新しい学習指導要領が高校まで実施された2022年度を「学校DX」のスタートにするためのしかけが必要ではないかと考えました。

　さて、ここで「学校DX」とは何かを考えていきます。「DX」とはデジタルトランスフォーメーションであり、デジタル化による学校改革といえますが、これは単に学校の業務をデジタルに置き換えるだけではなく、デジタル化を切り口に、学校そのもののあり方を変えていこうというものとなります。特に授業に関しては、これまでの教師主導の一斉教授型授業から、学習者主体の個別最適化された学びへの転換といえます。そこでは、指導の個別化と学習の個性化という2つの視点が求められています。

　指導の個別化は、基礎基本となる内容をドリル中心の学習で対応することが中心となり、これまでの指導の中でも取り入れられてきたこともあり、比較的受け入れやすいものといえます。それに対し、学習の個性化は、1人ひとりに応じた学習活動、学習課題が必要であり、これまでの授業観からの転換が求められます。そこで、探究的な学びという言葉が出てくるわけです。

では探究的な学びとはどんな学びでしょう？　海外ではPBLという形で実践されてきましたが、PBLにはProject Based Learning（プロジェクト型学習）とProblem Based Learning（問題解決型学習／課題解決型学習）という2つの形があります。ここでは、Project Based Learning（プロジェクト型学習）として考えていきます。実社会でProjectといえば、何かを作り上げるようなものといえます。イベントであったり、建造物であったりしますね。教育では、何かを作り上げる活動を通して、さまざまな資質・能力を学習者が習得していく活動ということができます。これまでの教育でも、学んだことをプレゼンテーションという形で発表するということはなされてきました。しかし、そのような実践には、インターネットで調べたことをそのまま再生する、コピーアンドペーストのような学びがあったことも否めません。そこで、本書では映像表現というアウトプットをゴールとしたPBLを展開することで、これまでのPBLではなしえなかった、新たなクリエイティブな学びの創造を目指すことにしました。

　映像表現を学びに取り入れることで、多くの効果を学習者にもたらします。その最大の理由は、「映像表現には固定化された答えがない」ということです。その答えを求める活動そのものが学びといえるでしょう。それが個別最適化された学びの求める1人ひとり学習活動ということになります。

　映像表現には必ず目的があり、それこそが達成すべきプロジェクトです。学習者はそのプロジェクトを達成するための情報を収集し、それらを自らで構成、取捨選択し、映像という形でアウトプットします。さらに映像は、動画、画像、テキスト、音声、音楽といった複数のメディアで構成されます。これらをいかに効果的に組み合わせて作品を構成するかを考えることが学びとなります。そして、それを複数の学習者がチームとして創り上げる過程こそが、「主体的、対話的で深い学び」となるでしょう。こう考えただけでも、映像表現が、新学習指導要領の目指す学びを実現する重要な役割を果たすであろうといえるわけです。

　では、なぜ映像表現がこれまでの学校教育において取り上げられなかったのでしょうか？　それは、これまでのICT機器環境にあります。映像機器がビデオカメラの時代では、編集機器などが高価であり、学習者の個別の取り組みに対応する数の整備は困難でしたし、あったとしてもその操作性は普通の先生には高いハードルでした。また、学校に整備されたPCなどのスペックも動画編集には力不足であったといえます。

　しかし、そういった多くの阻害要因はGIGAスクール構想によるICT機器整備と、無料で提供される操作性の良い映像制作関連ソフトウェアの数々によって取り払われました。もう、クリエイティブな学びを阻害するものはありません。

　本書はまさに、このような背景の中で映像表現というPBLを切り口として、学校教育にクリエイティブな学びをもたらすことを目指し執筆されました。そして本書を手にした先生方自身が新たな学びをデザインする、クリエイティブラーナーとなることで、児童生徒に、これからの変化の激しい社会を生きるための資質・能力が育成されることを願っています。

目次

第3章 **2コマの授業①**
―― 映像表現の特性を知るワークショップ形式の授業 ········· 075

第4章 **2コマの授業②**
―― ショートドラマをつくるワークショップ形式の授業 ········· 093

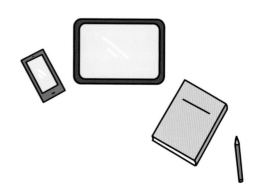

第**1**章

映像表現で身につく
学びとは?

　本章では、学校教育に「映像制作」を取り入れるにあたり、映像表現で身につく学びについて、詳しくひもといていきます。

1-1 映像のプロがひもとく新しい学び —— Film Education

▶ Film Education とは？

「Film Education」という言葉を聞いて、どんなイメージが思い浮かびますか？

　Film Educationを直訳すると、映像教育。ほとんどの方が、映画や動画コンテンツのつくり方（Film Making）を学ぶ、というイメージをお持ちのようです。どうして映像の専門教育機関ではなく普通の学校でFilm Educationが必要なのか？という疑問を持たれる方も多いかもしれません。そこでまず、本書を読み進めていただく前提として、「Film Education」とは何かをお伝えします。本書で扱う「Film Education」は、筆者が以下のように定義して提唱しているものです。

> Film Education とは、
> 1. 何かを伝えるという意図を持った映像表現を自ら体験することを通して、未来を生き抜くための5つのチカラを身につける
> 2. 映画をはじめとする映像表現物の鑑賞を通して、その内容・主題・本質を批判的思考で吟味しながら、楽しむ方法を学ぶ
> ことを目指す教育。

　いかがでしょうか。Film Educationは、映像のプロを養成することを目的とする教育ではなく、子どもたちが映像制作を「手段」にして、映像表現を実際にやってみることで学びを得ることを目的とする教育です。これまでの実践を通じて、私はその学びを「未来を生き抜くための5つのチカラ」に集約しました。この詳細は、1-5節で改めて取り上げます。

未来を生き抜くための5つのチカラ
① 協働作業ができる
② 多様性を理解する
③ 社会とのリンク
④ メディアリテラシー
⑤ 学び続ける

▶️ 学校教育に Film Education が必要な理由

では、今なぜ学校教育に、Film Education が必要なのでしょうか？

GIGA スクール構想が定着し始め、1人1台端末がすべての小中学校に整備されました。タブレットなどの端末には、カメラ機能も編集アプリもあり、その使い方さえ子どもたちに教えれば、映像制作やクリエイティブな学びが実現できると思う方もいるかもしれません。しかしながら、ツールさえあれば、「学習として教育的効果が期待できるような映像制作」や「伝えたいことが伝わる映像表現」ができるようになるわけではありません。

もちろん、専門的な映像制作スキルをお持ちの先生もいらっしゃるでしょう。しかし、それはまだ少数派です。多くの先生方がお持ちのスキルでは限界があり、チャレンジしたとしても、子どもたちが普段慣れ親しんでいる YouTube 動画のまねごとが精いっぱいではないでしょうか。映像をつくること、それ自体が目的化してしまうことも多く、子どもたちの創造性を引き出すようなクリエイティブな学びの実現には、ほど遠いのが現状です。一方で、デジタル辞書や辞典、デジタル教材のような学習コンテンツがどんどん開発され、ICT を活用した個別最適な学びや自由進度学習の実現が可能になりつつあります。しかし、それらは新学習指導要領が目指す「主体的、対話的で深い学び」を促進する学びとはいえません。

ICT を活用して「主体的、対話的で深い学び」を実践するために必要な「子どもたち全員に1人1台端末」の配備が GIGA スクール構想でようやく実現しました。その次に必要になるのが、**探究的な学びやクリエイティブな学びを促す学習プログラム**です。そして、この学習プログラムとして、**Film Education が最適**といえます。なぜなら、探究的な学びのプロセスと映像制作のプロセスは親和性が非常に高く、映像表現にはクリエイティビティが求められるからです。

設定した課題について、伝えたいことを映像を使って表現するためには、撮影や編集などの技術の習得にとどまらず、対象の情報を収集・整理・分析したり、周囲の人と意見交換・協働したりしながら、映像素材を集め、構成を考え、試行錯誤しながら編集をする必要があります。この映像制作のプロセスは、まさに探究的な学びのプロセスと一致するものであると、ご理解いただけるでしょう。

なお、本書で紹介する実践はすべて**タブレット1台でできること**を基本コンセプトとしています。学校現場での実践から得た、映像のプロならではの体系だった教育メソッドを段階的に学び、ちょっとしたプロのテクニックを成長促進剤にして、映像表現に取り組んでいただける学習プログラムとなっています。

特に、前述したFilm Educationの2つの定義のうち、「何かを伝えるという意図を持った映像表現を自ら体験することを通して、未来を生き抜くための5つのチカラを身につける」ことに的を絞った**ドキュメンタリー制作プログラム**は、中長期的なPBLとして実践することが可能です。詳しくは、第5章以降で説明します。

1-2 意識を変える──「動画」から「映像」へ

子どもたちに授業で映像制作を教えると、決まって「映像」という言葉が、「動画」という言葉に置き換わってしまいます。子どもたちにとっては、「映像＝動画」という認識なのです。もちろん間違いではありませんが、「動画」といってしまうと、YouTubeなどの「SNS動画コンテンツ」をイメージしてしまい、実践自体がそれらの模倣になってしまいがちです。これは、子どもに限らず、先生方も同じである場合がほとんどです。

「SNS**動画**コンテンツ」と「映画やドラマ、ドキュメンタリーなどの**映像**作品」のいずれも「映像表現」の1つではありますが、両者はそもそも目指す目的が異なるため、別物として捉えることから始めます。学校での実践だからこそ、まずは意識を変えるために、「動画」という言葉を「映像」に言い換えましょう。

▶ 動画と映像の違い

まずは、こちらの映像表現をご視聴ください。

①映像作品（ドキュメンタリー）
制作：ドルトン東京学園中等部
https://book.impress.co.jp/closed/
eizo_edu/Chap1_mov01.html

いかがですか。この映像は、ドキュメンタリーとして中学2年生が制作した作品です。

では、映像のプロの視点で「動画」と「映像」の違いをまとめてみます。

動画 （主にYouTubeやTikTokなどのSNS動画コンテンツ）	映像 （主に映画やドラマ、ドキュメンタリーなどの映像作品）
• 画面の中の主人公が私（たち） →私（たち）が「私（たち）のこと」を発信するメディア	• 画面の中の主人公が他者 →私（たち）が「他者（物語のキャラクターや取材対象者）のこと」を発信するメディア
• 自分（たち）に見えている情景を観ている人に伝える＝主観的	• 他者が見ている世界を観ている人に伝える＝俯瞰的
• 情報収集と拡散が目的なので、単純明快で、効率的にごく短時間で観られることが求められる	• 人の心の深いところを動かすことが目的なので、伝えたいことの本質を捉える必要があり、高次の思考が求められる
⇒直感的な言語表現の比重が増え、そこに依存しがち	⇒非言語表現を使いこなして、伝え方を工夫する必要がある

次に、こちらの映像表現をご視聴ください。

②SNS動画コンテンツ風のもの
制作：ドルトン東京学園中等部（課外）
https://book.impress.co.jp/closed/
eizo_edu/Chap1_mov02.html

　これは、SNS動画コンテンツ風に制作したものです。特徴がわかりやすいように、あえて誇張して制作しています。①も②も養蜂家を取材した同じ素材を使って編集しています。2つを観比べていただければわかるように、②のSNS動画コンテンツ風のものは、画面の中の主人公が自分たちになっていて主観的なつくりです。そして、直感的にわかりやすいよう言語表現を多用しています。

　それに対して、①の映像作品は「俯瞰で」人物や事象を見ます。俯瞰ゆえに、主観と客観、言語表現と非言語表現を行ったり来たりすることができ、その可能性は無限大、正解はないといってもよいでしょう。

　学校での実践は、あくまでも授業として取り組むものですから、わかりやすく娯楽要素の強い「動画」ではなく、俯瞰的に人物や事象を捉える「映像」という言葉へ認識の変換をしていきたいところです。

▶ 言語表現と非言語表現

　詳しくは、次章以降で解説していきますが、ここでは、映像表現をするうえで基本となる、言語表現（文字や言葉など）と非言語表現（動画や静止画、サウンド、表情や身振り手振りなど）について簡単に解説しておきます。

　映像表現は、言語表現と非言語表現が掛け合わさってできています。下図は、SNS動画コンテンツと映像作品における、言語表現と非言語表現の割合と完成尺（視聴時間）のイメージを図にしたものです。

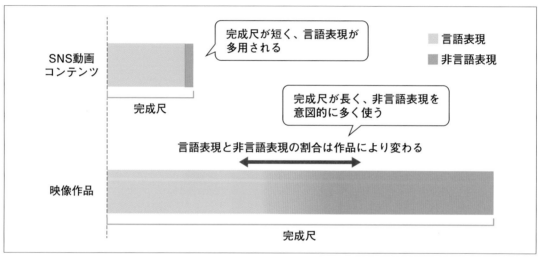

▲ 映像表現における、言語表現と非言語表現の割合と完成尺のイメージ

　SNS動画コンテンツは、完成尺がごく短く、言語表現が多用され、非言語表現が極めて少ないため、表現が画一的になります。それに対して、映像作品は、完成尺が長く、非言語表現を意図的に多く使います。言語表現と非言語表現をバランスよく使う工夫が必要で、その割合はつくり手の意図により変わってきます。

SNS動画コンテンツと映像作品の表現方法の比較

SNS動画コンテンツ	映像作品
• 完成尺がごく短い • 情報収集と拡散を目的につくられている • 手っ取り早く答えと思われる「情報」を与える • 言語表現（テロップ、コメントフォロー）、効果音、場面切り替えが多用される • 主人公が自分（たち）だから「発信力」はつく • 中毒に陥りがちで、大量消費される • お手軽さ、スピード感がある	• 完成尺が長い • 時間をかけて鑑賞することを前提につくられている • 非言語表現を意図的に多く使う • 間や情感があり、行間を読んだり、余韻を味わったりできる • 言語表現と非言語表現をバランスよく使っている（割合はつくり手の意図により変わる） • 俯瞰で事象を見る必要がある • スキップ、倍速で観られることもある

▶ 映像制作を教育的意義のある実践にするために

　今現在、残念ながら、日本には「映像を使う教育」の体系だったものがなく、指針もありません。映画に始まる映像表現には、130年近くの歴史がありますが、映像表現の1つにすぎないYouTubeのようなSNS動画コンテンツがどんどん拡散し、消費されているのが現状です。その影響か、長い歴史を持つ映画を、早送りで観るような文化も現代人に広まりつつあります。特に感度の高い若者にはその傾向が格段に強いようです。

　Wi-Fi環境の整備やスマホの普及で、情報端末に慣れ親しんだZ世代と呼ばれる子どもたちは、動画をつくる方法だけならあっという間に習得します。私は、映像がそのまま消費されるだけの存在になれば、多様であるべき映像文化そのものの衰退につながってしまうのではないかという危機感すら持っています。映像がお手軽につくられ、消費される時代だからこそ、映像のプロならではの体系だった教育メソッドが必要であり、きちんと取り組めば、映像制作を通じて、クリエイティブな学びを促進し、教育的意義のある実践にすることが可能なのです。

1-3 　映像表現で伝えるチカラを伝わるチカラへ

　自分の伝えたいことを表現する、といっても、その方法は多種多様です。中でも映像表現は、文字や言葉を使った言語表現に加えて、動画や静止画、音楽や効果音など非言語表現も活用する、高次の表現方法です。

　映像を用いて表現したいことを的確に伝えるためには、学ぶべきポイントがたくさんあります。言語表現と非言語表現の違いの理解、撮影・編集やインタビューの技術の習得、ちょっとしたプロのテクニックを知るなど、数え上げたらきりがありません。ただし、積み上げ式の学びでもあるので、実践を通して少しずつポイントを押さえ、段階的に学んでいけば、ドキュメンタリー制作のような中長期的なプログラムにチャレンジすることも可能になります。

　映像表現で伝えるチカラを伝わるチカラへ変えていくためには、土台として、先ほど簡単に説明した言語表現と非言語表現について体系的に学ぶ必要があります。その実践は、第3章と第4章で取り上げます。

　第3章では、設定したテーマを、あえて非言語だけを使った映像で表現してみるワークショップ形式の授業の実践方法をお伝えします。言語表現に頼らずに伝えたいことが伝わる映像を制作するという目標設定をすることで、撮影に工夫を凝らしたり、ストーリーから考える編集をしてみたりと創造的な学びを促進することができます。

第4章では、総合的な学習（探究）の時間などに行う探究学習の成果物として、「ドラマ」を制作したいというニーズに応えるために設計した、1〜2分程度のショートドラマを制作するワークショップ形式の授業について、実践事例をもとに見ていきます。録画しっぱなしにするだけの撮影にならないよう、映画制作の基本である「カット割り」の考え方や方法を体系立てて解説し、さらにFilm Educator目線のポイントも解説します。基本技術とポイントを押さえて先生方がファシリテートすることで、子どもたちの創造性を刺激し、伝わるチカラを向上させることを目指します。

どちらの実践も、やり方を教えるのではなく適切にファシリテートすることで、一方的に伝えるだけのチカラを、人の感情を動かす伝わるチカラにアップグレードさせることができます。さらに、グループで映像制作に取り組むことで、コミュニケーション能力も磨かれます。

1-4　探究学習でドキュメンタリー制作を目指す

グループで問題を解決する力のレベルを上げるために、今、学校教育では、探究学習に取り組んでいます。小中学生にとっては先の話かもしれませんが、大学の総合型選抜入試や企業の採用選考で、自己PR動画の提出を求められるなど、映像制作は、広く一般的に身につけるべきスキルとしても浸透しつつあります。このように、これからの社会で求められる力として、自分の伝えたいことが伝わる映像表現力や問題解決能力が重視されるようになってきました。そして、映像制作は、これらの今後社会で求められる力を育むことができます。

映像制作というとおそらく「映画（フィクション）」を思い浮かべる方が多いのではないでしょうか。映画館やDVDで観るような劇映画だけでなく、テレビで放送されるようなドラマ、ショートムービーをイメージする方もいるかもしれません。

実際に「映画」制作に取り組んでいる学校もありますが、苦戦しているところが多いようです。理由は簡単で、映画をつくるのは難しいからです。映画芸術と言われるぐらいですから、専門性の高い理論と技術、そして芸術的センスが必要です。さらに、子どもたち同士が出演し合うことが多く、いわゆる「内輪ウケ」に終始してしまう傾向があり、授業での取り組みとなると、いまひとつ学びにつながらないようです。

そこで提案したいのが、中長期的なPBLとしての「ドキュメンタリー」制作です。身近なドキュメンタリーとしては、『情熱大陸』、『ザ・ノンフィクション』、『ガイアの夜明け』、『アナザースカイ』などのテレビ番組がイメージしやすいでしょう。ドキュメンタリーとは、設定したテーマに沿った人物や事象にスポットを当て、ありのままの事実を記録し、その記録を意図を持って取捨選択し、まとめた映像のことです。ドキュメンタリー制作は、答えが1つではなく、

正解のない課題について、自ら仮説を立て、調査し、検証することを繰り返すPBL と高い親和性があります。

　もちろん、ありのままの映像といっても、ただ単に目の前の人物や事象を撮影しただけの映像ではなく、画面に映し出された人物や事象が観る人の心を動かし、伝えたいテーマが「伝わる」映像表現になっている必要はあります。映画とは多少方向性が異なり、芸術性よりもリアリティや臨場感が求められる映像で、あえて乱暴な言い方をすると、撮影や編集のスキルが技術的に拙くても「ドキュメンタリーっぽい」作品に見えるという良さがあります。

　たとえば、カメラ（映像）がブレていたり、映像が暗かったり、声が聴き取りにくかったりという粗雑さはリアリティに見えます。また、編集でうまくまとめ切れていなくても、テロップ（字幕）やBGM（音楽）、時にはナレーションの力を借りることで説得力のあるものになります。これが、学校現場における映像制作の1つの目標としてドキュメンタリー制作をオススメする理由の1つです。

▶ 探究学習にドキュメンタリー制作が最適な理由

　2002年、2003年から小・中・高等学校において「総合的な学習の時間」（高等学校では、2022年から「総合的な探究の時間」）が段階的に導入されました。しかし、探究学習での課題設定に頭を悩ませている先生が多いと聞きます。

　新学習指導要領では、「総合的な学習の時間（平成20年告示）」の第1の目標として、

> 探究的な見方・考え方を働かせ，横断的・総合的な学習を行うことを通して，よりよく課題を解決し，自己の生き方を考えていくための資質・能力を育成することを目指す。

とされており、高等学校における「総合的な探究の時間（平成30年告示）」の第1の目標も、

> 探究の見方・考え方を働かせ，横断的・総合的な学習を行うことを通して，自己の在り方生き方を考えながら，よりよく課題を発見し解決していくための資質・能力を育成することを目指す。

とされています。

先ほど、いくつかドキュメンタリー番組を例示しましたが、取材する「人物」や「事象」に対して答えのない問いを発して受け取るというドキュメンタリーの本質は、課題を発見し解決していくという意味において「総合的な学習（探究）の時間」と通じるところがあります。そう考えると、ドキュメンタリー制作は、総合・探究の時間に実践する授業としてぴったりフィットします。

　「総合的な学習（探究）の時間」を使ってドキュメンタリー制作を行い、その成果物としての映像作品を「まとめ・表現」として発表します。映像の上映とプレゼンテーションによる発表が「到達目標（ゴール）」になります。映像制作はあくまでも手段で、その最終的な「目的」は設定した課題の解決ですから、完成した映像がたとえ技術的に拙いものであったとしても、課題の解決という目的が果たせていれば、取り組みとしては十分です。

　いかがでしょうか。探究学習にドキュメンタリー制作が適している、そのイメージをつかんでいただけたでしょうか。

　さらに、私は、これまでの実践から、ドキュメンタリー制作を通して、これからの未来を生き抜くための5つのチカラが身につくという確信を持っています。続いて、この5つのチカラの詳細について見ていきます。

1-5　変化の激しい未来を生き抜くための5つのチカラ

　ドキュメンタリー制作を通して、次の5つのチカラが身につきます。以降で順番に見ていきましょう。

未来を生き抜くための
5つのチカラ

協働作業ができる　1

学び続ける　5

4　メディアリテラシー

2　多様性を理解する　3　社会とのリンク

▲ 未来を生き抜くための5つのチカラ

▶ ①協働作業ができる

　制作過程が複雑で、その作業量も処理する情報量も膨大な映像制作の現場では、「協働作業」の能力が求められます。協働作業とは、1人ひとりが目的意識を持って活動に取り組む作業を指します。

　プロの撮影現場では、監督、カメラマン、照明技師や録音技師、さらにそれぞれに助手が3～4人つきます。そのほかにも、美術や装飾のスタッフ、ヘアメイクや衣装の担当、お弁当や車両の手配をする制作部あり、どんなに少なくとも10人、一般的には30人以上が作業を分担しています。ハリウッドの大作映画だと100人以上という話も珍しくはありません。

　このように、映像制作は「協働作業」の比重が大きく、そこには明確なゴールの共有、スケジューリングと役割分担が必要になってくるのです。

　規模は違いますが、学校でのドキュメンタリー制作でも同様です。まずは、どういうものをつくろうかという目指す映像の完成型をみんなで話し合って、方向性を定めます。これが、明確なゴールの共有です。

▲ 最初の協働作業は「明確なゴールの共有」

▲ 意見を出し合っての撮影

　ゴールが決まったら、今度はどういうスケジュールでつくるかという作業工程を設計する必要があります。その後、進行の管理もしなければいけません。スケジュール通りに進むことはまずないので、スケジュールを立てては見直し、またスケジュールを立てるといった「スケジューリング」が繰り返されます。

さらには、ものすごく多くの作業が出てくるので、誰がどの作業をするのかという役割分担をする必要があります。各自がその作業をし、その進行管理もしていきます。

　このようにグループでのドキュメンタリー制作を通じて、子どもたちは、一般社会でも当然必要となる「協働作業」のチカラを、先生から押しつけられている感覚ではなく、作業に没頭しているうちに自然に身につけられるのです。

▶ ②多様性を理解する

　核家族が主流で、1人っ子も多い現代の子どもたちは、外部の第三者と関わる機会が少なく、他者に興味を持ちにくいといわれます。また、コロナ禍の影響もあり、LINEなどスマホを使ったコミュニケーションが中心で、リアルでのやり取りの経験も少ない傾向があります。

　ドキュメンタリー制作では、他者にカメラを向けて話を聞く「インタビュー取材」を経験します。たとえば、第6章ではお店や会社で働く人という「人物」にスポットを当てたインタビュー取材を、第7章では「コロナ禍における宗教」という「事象」にスポットを当てたインタビュー取材を取り上げますが、いずれにしろ取材対象は「他者」になります。日常生活で他人と話す機会の少ない子どもたちにとって、他者と話すことになる「インタビュー」という取材は、難度が高く、大変な緊張感を伴うはずです。

　ところが、実際に子どもたちにインタビューをさせてみると、意外にすんなりと行うことができます。それは、カメラをのぞいたり、相手のジャケットやシャツにピンマイクを付けたりして「インタビュアー」という立場になると、普段とは違う、もう1つのアバター（別の自分）になることができるからです。インタビュアーというアバターになることによって、冗舌にも、ずうずうしく質問できるようにもなれます。その結果、取材対象の新しい魅力を見つけたり、思わぬ答えを聞き出したりすると、いやが応でもその人への興味がわいてきます。

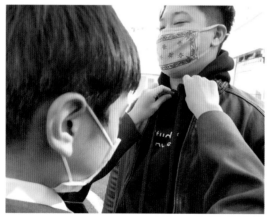
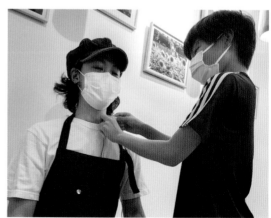

▲ 取材対象にピンマイクを付けてインタビューの準備をしている

　また、グループで1つの映像作品をつくり上げるためには、双方向コミュニケーションが不可欠です。うまくいかないことは多々ありますし、衝突も巻き起こります。それでも完成した暁には、グループでともにつくったという、ほかでは得がたい達成感を味わうことになります。

　このように、他者とのコミュニケーションを繰り返して、互いの違いを理解したうえで、相手を尊重し、ともに行動する経験を積むことで、どんどん多様性の理解を深めていくことができます。

▶ ③社会とのリンク

　筆者は、映画学科の学生時代、ドキュメンタリー制作のコツは「お願いすること」と「甘えること」に長けることだといわれたことがあります。確かにドキュメンタリー制作の過程で、外部の人にインタビューをお願いしたり、撮影場所を使用するための交渉をしたり、思い出の品や写真を借りたりするというような「お願いする」機会がたくさんあります。

▲ 特別に許可をもらって仕事場を撮影

　普段子どもたちは、家庭や学校など半径10ｍ以内の身近な人間関係の中で日常を過ごしています。そんな子どもたちが、ドキュメンタリー制作に取り組むことで日常から飛び出し、取材先や取材対象者、外部の方と積極的にコミュニケーションをとることで、実社会と必然的につながることになります。

　実社会とつながるというと、大げさに聞こえるかもしれませんが、子どもたちにとってのファーストステップは、「メールを送ること」や「電話をかけること」です。第6章ではメールを、第7章では電話を使った取材アポイントメントの取り方を、実際に学校で実践した事例をもとに具体的に説明します。

LINEなどアプリを使った短文でのチャットが日常的なコミュニケーション手段である世代にとって、知らない人にメールを送ったり、電話をかけたりするのは相当ハードルが高いことです。ところが、思い切って、電話で話してみると、「即時対応してもらえる」、「思いが伝わりやすい」といったその利点を実感することができます。また、メールの送信も、LINEのメッセージと同じというわけにはいきません。たとえば、「2時頃、行きます。着いたらLINEします。」といったあいまいな約束は通用しません。「14時にそちらに伺います。着いたら、受付に向かいます。」のように、きちんと伝えるべきことが伝わる文章を送る必要があります。

そのほかにも、取材のお礼や発表会の招待などで、切手を貼って手紙を送ったり、FAXを送ったりする必要があるかもしれません。こういった普段あまり使うことのないコミュニケーションツールを、1つひとつ使うことによって、子どもたちはさまざまな方法で実社会とのつながりを持っていく ── つまり社会とリンクしていくのです。

ドキュメンタリー制作では、映像をつくることだけでなく、そのプロセスに付随して、さまざまな社会経験を積むことができます。プログラムの構成次第で、社会科見学や職場体験の一環として、またキャリア教育として実践することも可能です。

▲ ドキュメンタリー制作は、さまざまな社会経験をもたらす

▶ ④メディアリテラシー

映像作品は、あくまで「創作物」です。つくり手は、どこをどう切り取るか取捨選択して撮影し、さらに、撮影した素材を取捨選択して編集します。いずれも、自らの意図を持って判断します。

一般的に「ありのまま」を記録した映像素材を編集してまとめた映像作品を指す「ドキュメンタリー」であっても、創作物であることに変わりはありません。

「ドキュメンタリーはノンフィクションなのだから、ありのままの真実を描いていますよね」
—— そういわれても、答えは「NO」です。フィクション（虚構）であるとまではいえませんが、あくまで「創作物」なのです。なぜなら、常につくり手は、意図を持って撮影し、よいところを選んで編集しているからです。取材対象もまた、カメラが回っていることで、どこか自分というキャラクターを演じてしまっていることが少なからずあるものです。

「ドキュメンタリーってどこまでがホントだろう？」

ドキュメンタリー制作をするとき、最初のオリエンテーションで、子どもたちにそんな問いかけをしてみてください。そして、最後の振り返りの際に、もう一度これを問いかけてみてください。

自分たちの手で映像を制作し発信する立場を体験することで、映像とは制作者の意図を持ってつくられたものであり、真実を100%伝えるものではない、という事実に気づくはずです。

そして、できれば、世の中でそのとき起こっている時事ネタを事例にして、その情報の真偽を考える時間を持てると、さらによいでしょう。先生方が意図を持ってメディアリテラシーを育てようとする姿勢が大切です。テレビやYouTube、ネットニュースなどの情報も、やはり取捨選択のもとでつくられ、タイミングを見計らって発信されていることを、子どもたちは知ることができます。それが、クリティカルシンキングを身につけ、情報を吟味する能力につながっていきます。

世の中に氾濫する情報の真偽を見極め、その特性を理解して使いこなす複合的なチカラ、メディアリテラシーは、簡単に身につくものではありません。映像を制作するという体験は、メディアリテラシーを実感を持って身につけるよい機会になります。

▶ ⑤学び続ける

映像とは、まったくのゼロからイチ（新しい世界）をつくり出すものです。これまで得た過去の知識や経験をフル稼働させても、それだけではとても足りず、新たなインプットとアウトプットを繰り返すことで、完成度が高まっていくものです。まさに、クリエイティブな学びの機会になります。

ドキュメンタリー制作を通して、新しく幅広い知識や経験が得られると同時に、子どもたちのクリエイティビティが刺激され、どんどん好奇心や知識欲がわいてきます。ただ楽しいだけでなく、プロならではの専門知識とスキルを知ることで、子どもたちが、自ら表現の幅を広げ、自ら問いを立て、工夫を凝らして作品をつくり上げ、見事にプレゼンテーションで発表するという目標に到達する姿をたくさん見てきました。

たとえば、ドルトン東京学園中等部で取り組んだ「魅力が伝わるドキュメンタリー映像制作プログラム」では、授業としてのプログラム終了後、外部の映画祭に応募してみてはどうかという提案をしてみました。これは作品が評価され、何らかの賞を受賞することを目的としたものではなく、いわば成長促進剤として、「子どもたちがおもしろがれる」チャレンジの場になればという思いでの提案でした。ねらい通り、意欲的な生徒が手を上げ、実際のエントリーに至りました。応募にあたっては、個別のアドバイスをもとに、制作の背景やテーマ、つくり手の顔も知らない視聴者が初めて観ても理解できるよう、より作品を客観的なものにブラッシュアップしました。

このようにクリエイティブな学びは、もっと学びたいという子どもたちの内発的動機を引き出し、学び続ける楽しさを知る機会にもなるのです。プログラム終了時点での映像とブラッシュアップ版の映像を用意しましたので、ぜひ視聴してみてください。

山﨑達璽の実践事例

● ドルトン東京学園中等部（2年）：魅力が伝わるドキュメンタリー映像制作プログラム

プログラム終了時の作品

▲ 養蜂業と環境とそれから私
https://book.impress.co.jp/closed/
eizo_edu/Chap1_mov03.html

▲ 金賞に輝く歯科技工士
　〜ハンディキャップを強みに
https://book.impress.co.jp/closed/
eizo_edu/Chap1_mov04.html

映画祭にエントリーした作品

▲ 養蜂業と環境とそれから私
https://book.impress.co.jp/closed/
eizo_edu/Chap1_mov05.html

▲ 金賞に輝く歯科技工士
　〜ハンディキャップを強みに
https://book.impress.co.jp/closed/
eizo_edu/Chap1_mov06.html

以上、5つのチカラについて、解説してきました。この5つのチカラは、新学習指導要領が示す3つの資質・能力とも関連が深く、VUCA時代を生きる子どもたちに必要な世界標準のコンピテンシーを育てるプロセスを描いたOECDの「Learning Compass 2030」にもつながると考えています。

　これら5つのチカラを総合的に身につけるには、ドキュメンタリー制作が最適ですが、いきなりそれを実践するのは、ハードルが高いことも事実です。そのため、本書では、段階的に取り組んでいただけるような設計にしてあります。

1-6　ドキュメンタリー制作への3ステップ

　中長期的なPBLとしてのドキュメンタリー制作を目指して、本書では、基本・応用・発展の3つのステップに分けて、実践方法と実践事例をまとめています。

▶ 基本ステップ 撮影・編集技術の基本とフローを学ぶ　第2章

　映像制作に向けた準備として、「自己紹介映像をつくる」→「インタビュー映像をつくる」という流れで、映像制作の基本である、撮影・編集技術、構成を考えること、制作フローについて学びます。

▶ 応用ステップ ワークショップ形式の授業で映像表現の基本を学ぶ　第3章 第4章

　「総合的な学習（探究）の時間」などを活用し、2コマを使ったワークショップ形式の授業に取り組むことで、映像表現の基本を学びます。第3章では、映像表現の特性（言語表現と非言語表現）と表現方法を学び、第4章では、ドラマの映像表現の構造を理解することを目指します。

▶ 発展ステップ ドキュメンタリー制作にチャレンジする　第5章 第6章 第7章

　ドキュメンタリー制作にチャレンジできるよう、まずは第5章でドキュメンタリー制作の全体像と流れを解説します。続く第6章ではドキュメンタリーの1つである「魅力が伝わるドキュメンタリー映像作品」制作の実践方法をひもとき、第7章では「テーマを考えさせるドキュメンタリー映像作品」制作の実践事例を紹介します。

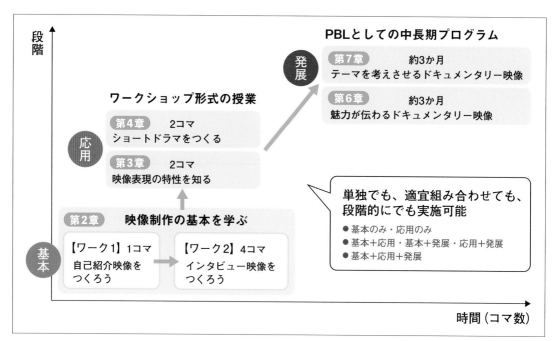

図内のテキスト:

段階

PBLとしての中長期プログラム

発展
　第7章　　約3か月
　テーマを考えさせるドキュメンタリー映像

　第6章　　約3か月
　魅力が伝わるドキュメンタリー映像

ワークショップ形式の授業

応用
　第4章　2コマ
　ショートドラマをつくる

　第3章　2コマ
　映像表現の特性を知る

第2章　**映像制作の基本を学ぶ**

基本
　【ワーク1】1コマ
　自己紹介映像を
　つくろう

　【ワーク2】4コマ
　インタビュー映像を
　つくろう

単独でも、適宜組み合わせても、
段階的にでも実施可能
● 基本のみ・応用のみ
● 基本+応用・基本+発展・応用+発展
● 基本+応用+発展

時間（コマ数）

▲ドキュメンタリー制作への3ステップ

　ドキュメンタリー制作に取り組む場合、段階的にステップアップすることを推奨しますが、それぞれの学校の実情に合わせ、必要なステップを適宜組み合わせた映像制作の授業を構成することも可能です。

第**2**章

映像制作の基本を学ぶ

　本章では、映像制作に向けた準備として、映像制作の基本を段階的に学べる、初心者向けの授業プログラムを紹介します。

先生も子どもたちも動画・映像制作の経験値には大きな差があります。特に撮影機材（カメラ機能や三脚、マイクなど）や編集アプリケーション（ソフト）の扱い方で顕著に差が表われます。まったくのゼロベースの場合もあれば、教えなくても技術的なことをすでにわかっている子ども、もしくはどんどん自分たちで調べて使いこなすという子どももいます。

　本章では、撮影・編集の技術、構成を考えること、制作フローの理解といった映像制作の基本を段階的に学べる、初心者向けの授業プログラムを紹介します。授業時数5コマで実践できる授業プログラムですが、各コマを単独で取り組めるように組み立ててありますので、必要に応じてアレンジしてください。さらに深めれば、中長期のPBLとしてのドキュメンタリー制作に取り組む際のセットアップ（前準備）にもなります。映像のプロの目線のアドバイスや気をつけることなども解説していますので、各自の段階に合わせてご活用ください。この授業プログラムを、ドキュメンタリー制作のセットアップの位置づけとして実践する場合は、▨ マークの付いた項目も追加でレクチャーしてください。

※1コマは、学習指導要領に定められている45分（小学校）を想定しています。

　学校によって、iPadやChromebook、MacBook、Windows PCなど、さまざまな端末が導入されているため、できるだけ汎用性の高い方法を提案します。ただし、編集アプリによる映像編集の説明はiPadなどのタブレット端末での手順を紹介していますので、適宜読み替えてください。

　なお、この授業プログラムは、学校現場で実践しやすい設計にしていますが、教員研修や就職活動（自己PR動画制作）でも活用できます。

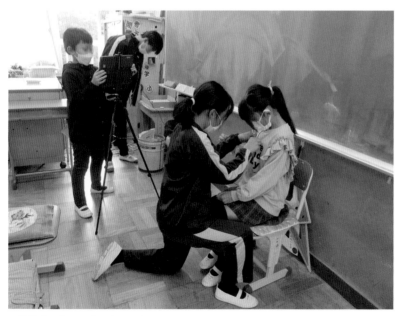

▲ 授業プログラムに取り組む子どもたち

2-1 授業プログラムの全体像

まずは、授業プログラム全体の内容と使用する機材、編集アプリを紹介します。

▶ **授業プログラム全体の内容**

`ワーク1` 自己紹介映像をつくろう

- ＜1コマ目＞ 主観的な撮り方の工夫

`ワーク2` インタビュー映像をつくろう

- ＜2コマ目＞ インタビュー撮影の役割分担、人物や機材の配置、質問の仕方など
- ＜3コマ目＞ ピンマイクの使い方、付け方（ピンマイクが用意できる場合）
- ＜4コマ目＞ 撮影前の構成→実際の撮影→編集前の構成
- ＜5コマ目＞ 編集 ── 発表

▶ **使用する機材**

- タブレットやスマホ（カメラ機能付き、編集アプリの入った端末）

`ワーク2` であるとよいもの

- 三脚（3,000円程度のパン棒が付いた簡易的なもの。タブレットやスマホを三脚に取り付けるためのアタッチメントホルダーも必要） 参照▶p.44
- ピンマイク 参照▶p.50 および変換アダプター（iPadなどでは必要な場合がある。合わせて3,000円程度の有線のものを推奨。ワイヤレスは校内で一斉に使うと電波が混線するため）

▶ **使用する編集アプリ**

- Apple製品標準搭載：iMovie
- 学校向け無料アプリ：Adobe Premiere Rush、Canva for Education
- 一般向け無料アプリ：InShot、CapCut　など

2-2 ワーク1 自己紹介映像をつくろう

自己紹介映像を実際に撮ってみることで、主観的な映像の撮り方を学びます。

▶ ＜1コマ目＞ 主観的な撮り方の工夫

自己紹介映像のつくり方を詳しく解説していきます。

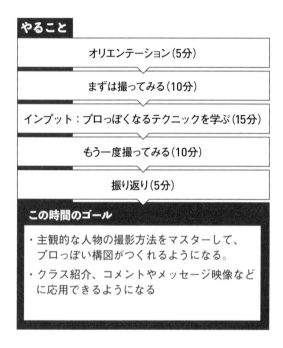

やること

オリエンテーション（5分）

↓

まずは撮ってみる（10分）

↓

インプット：プロっぽくなるテクニックを学ぶ（15分）

↓

もう一度撮ってみる（10分）

↓

振り返り（5分）

この時間のゴール

・主観的な人物の撮影方法をマスターして、
　プロっぽい構図がつくれるようになる。
・クラス紹介、コメントやメッセージ映像など
　に応用できるようになる

オリエンテーション（5分）

動画と**映像**の違いについて考える時間を取ります。まずは、子どもたちから意見を聞いてみてください。YouTubeやドラマ・映画など具体的な例を出して比較すると、動画と映像で違いがあるということは感覚的にわかりますが、その違いの言語化はなかなか難しいでしょう。

意見を聞いたあと、**動画**は「画面の中の主人公が自分（たち）」であり、「自分（たち）が見えている世界を観ている人に伝える」ことが目的であるのに対して、**映像**は「画面の中の主人公が他者（物語のキャラクターや取材対象者）」であり、「他者のことを観ている人に伝える」ことが目的であると解説します。この段階では、そういうものなのだというぐらいの理解でかまいません。ワーク1 では、自己紹介映像をつくることを通して、主観的な撮り方の工夫を学びます。主観的ではありますが、事前に観せる対象を決めている、話す内容を決めている、話を録画する時間が決まっているという点で、クリエイティブの要素が加わり、映像制作のはじめの一歩の実践になります。

まずは撮ってみる（10分）

　2人1組で、お互いに相手の自己紹介映像を撮り合います。このワークは、どのような構図にするかなど撮影を工夫して映像をつくることが目的なので、話す内容や話し方に気を取られることのないよう気をつけて、まずは自由に自分たちのやり方で撮影してもらいます。自分たちのやり方とはいえ、撮影前に以下の点だけ確認してください。

　　撮影前の確認

- 観せる対象（先生、友達、校長先生、保護者など設定してください）
- 話す内容（学年、名前、趣味、最近ハマっていること、意気込みなど）
- 話を録画する時間は1分
- カメラ（タブレットやスマホ）は横画面で撮影する

▲2人1組で撮影しているところ

インプット：プロっぽくなるテクニックを学ぶ（15分）

　撮影が終わったら、以下で紹介する Tips ▶ ＜プロから学ぶ　カッコイイ映像になる7つのテクニック＞自己紹介映像編を例示し、自分たちが撮影した自己紹介映像と比べて、どんな違いがあるのか考える時間を取ります。1〜6は、「構図のつくり方」のテクニックです。構図とは、意図を持って視界を切り取ることをいいます。プロのテクニックを取り入れることで、映像が「プロっぽく」なります。なお、あえて「プロっぽい」や「カッコイイ」という言葉を使っています。子どもたちの主体性を引き出すために、子どもたちがおもしろがれるしかけが必要だからです。

**＜プロから学ぶ　カッコイイ映像になる７つのテクニック＞
自己紹介映像編**

....

1.　順光で撮る

カメラマンが光に背を向け被写体の正面に光があたる順光を意識しましょう。

✕逆光　
⇒被写体が光（窓）に背を向けていて暗くて見えにくい

○順光　
⇒カメラマンが光に背を向け、被写体の正面に光があたる

　どちらのほうが明るく見えやすいかは、一目瞭然ですね。タブレットやスマホのカメラには自動的に明るさを補正してくれる機能がついていますが、撮影の基本として実践しましょう。

2.　カメラは横向きに構え、水平を保って、手ブレしないように固定する

　カメラは横向きに構えるのが基本です。多くの映像媒体はテレビと同じ横長の画面になっています。また、私たちの視界も横長です。つまり、人間にとってより自然に見えるのは横長の画面ということになります。スマホは縦向きにして撮影することが日常的ですが、この基本に合わせて横向きに持って撮影するようにしましょう。また、カメラは水平を保って手ブレしないようにしっかりと固定してください。意図がない限り、不安定な感じや違和感を与えます

✕カメラが傾いている

3.　レンズは被写体の目の高さ

　端末にあるレンズは、被写体の目の高さと同じ位置に合わせましょう。下から撮影すると、威圧的に見えてしまいます。反対に、上から撮影すると、弱々しく、萎縮しているように見えてしまいます。目の高さと同じにすると、自然な印象に見えます。

×ローポジション・ローアングル
（下から見上げる）

×ハイポジション・ハイアングル
（上から見下ろす）

○アイレベル・水平アングル
（レンズと被写体の目の高さが同じ）

カメラと被写体の位置関係

4. 被写体は画面の中央に配置する

　自己紹介映像では、被写体は画面の中央に配置するようにしましょう。左右に不自然な空間が空いていると、隣に人がいるような印象を与えたり、何か意図があるように感じたりしてしまいます。

×中央からズレている

○中央に配置

5. バストショットで画面に安定感を

　被写体は、胸から上を撮影しましょう。これをバストショットといい、表情や衣装の雰囲気などがほどよく見えて、安定感を与えます。ニュースキャスターやアナウンサー、情報番組の司会者をイメージして、顔がよく見えて、印象が強すぎない、自然なサイズを意識してください。

×フルショット
背景や衣装の雰囲気はわかるが、表情が伝わりにくい

×極端なクローズアップ
印象が強すぎて、何かの主張やメッセージを与えてしまう

○バストショット
頭から胸までを切り取ると安定感が出る

6. 天を空けすぎない

　AとBの画像を見比べてください。

A

B

　わかりやすいように極端な例にしていますが、どちらもバストショットで、Aは安定していて、Bはどこかぎこちない印象を与えます。では、Bがなぜぎこちなくなるのでしょうか。

Bは、顔を画面の中央に置こうとして、頭の上（天）に余計な空間ができてしまい、表情をつくり出している目や口が下のほうに寄ってしまっています。このため、ぎこちない印象を与えるのです。天を空けすぎないようにしましょう。

頭の上（天）に空間が少なく、安定して見える　　　　　頭の上（天）に余計な空間があると、ぎこちなく見える

7. レンズを点で見るのではなく、レンズを中心に面で捉える

　特に1対1で撮影する場合、撮影される側は小さなレンズを凝視するので険しい目つきになりがちです。タブレットやスマホのレンズを点で見るのではなく、レンズを中心に広い面でぼんやりと捉えて見てみましょう。表情が柔らかくなります。

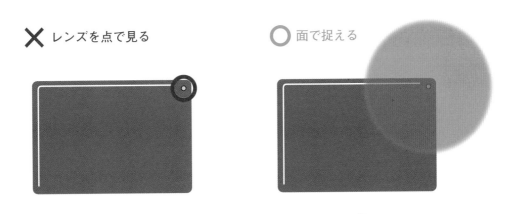

✕ レンズを点で見る　　　　　　　　○ 面で捉える

×レンズを点で見る　　　　　　　　　　　○レンズを中心に面で捉える

　もちろん、メッセージ性を出したいときにはあえてレンズを点で見るといったテクニックを使うこともあります。

Tips▶＜プロから学ぶ　カッコイイ映像になる7つのテクニック＞に対する子どもたちの反応はどうでしたか。これらを意識するだけで、おもしろがれる要素として学びが深まります。

45 🕐 **もう一度撮ってみる**（10分）

　先ほど学んだテクニックを意識して、もう一度自己紹介映像を撮影します。今回が本番です。内容を自己紹介から深めて自己PRにしてもよいでしょう。

※この二度目の撮影は、すでに撮影に慣れている／スキルがある場合はカットしてもよいですし、時間がない場合は、課外の活動にしてもよいです。

◀ **自己紹介映像（サンプル）**
https://book.impress.co.jp/closed/
eizo_edu/Chap2_mov01.html

45 🕐 **振り返り**（5分）

　撮影が終わったら、最初の映像と二度目の映像を観比べてから、振り返りをしてください。一番プロっぽさを感じさせるテクニックは、**Tips▶6**の「天を空けすぎない」p.38です。自信を持って子どもたちに伝えてください。**Tips▶5**の「バストショットで画面に安定感を」p.38は、一見何でもないようなテクニックですが、その安定感が視聴者の安心につながります。安心して観られるものをつくることが実は一番難しいことを、子どもたちに実感させてください。映像表現は、奇をてらったものはほんのわずかです。何でもないものがしっかりつくれていて、初めて、奇をてらったものにインパクトが出るのです。

2-3　**ワーク2** インタビュー映像をつくろう

　次に、自己紹介映像づくりで学んだ撮影方法をベースに、1分尺[※1]のインタビュー映像をつくるワークをします。このワークでは、撮影に続いて、編集に入ります。

　ワーク1 では、「画面の中の主人公が自分」である自己紹介映像をつくりました。次の
ワーク2 では、「他者のことを観ている人に伝える」という目的を意識して、より客観的な視点で「画面の中の主人公が他者」であるインタビュー映像をつくります。

※1　「尺（しゃく）」とは、編集作業を経て完成した映像の再生（視聴）時間のこと。1分尺とは、映像の再生時間が1分という意味です。

ワーク2 では、「〜に聞いてみた！」「〜をやってみた！」などのYouTube動画風の主観的な表現から、俯瞰で人物や事象を捉えることへ意識を変えていくことを目的とします。

▶ ＜2コマ目＞ インタビュー撮影の役割分担、人物や機材の配置、質問の仕方など

客観的な視点でインタビュー映像をつくるために、まずは土台となるテクニックやコツを学びます。

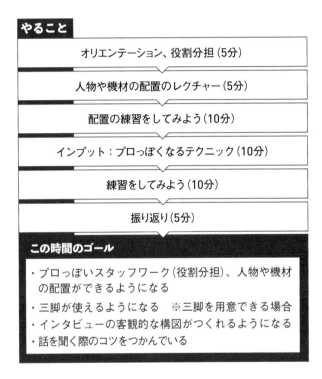

やること

オリエンテーション、役割分担（5分）

人物や機材の配置のレクチャー（5分）

配置の練習をしてみよう（10分）

インプット：プロっぽくなるテクニック（10分）

練習をしてみよう（10分）

振り返り（5分）

この時間のゴール

・プロっぽいスタッフワーク（役割分担）、人物や機材の配置ができるようになる
・三脚が使えるようになる　※三脚を用意できる場合
・インタビューの客観的な構図がつくれるようになる
・話を聞く際のコツをつかんでいる

オリエンテーション（5分）

まずは、「インタビューってどんなイメージ？」という問いを子どもたちに投げてみてください。YouTubeでよくある「○○さんに聞いてみた！」のような動画やニュースの街角インタビューのようなイメージを持っている子どもが大半ではないでしょうか。この段階でインタビューについての詳しい説明はなくても大丈夫です。事前にこのような問いを立てて一度考えておくと、インタビューのやり方を学ぶワークを通じて、子どもたちはインタビューとは何かを体感で学ぶでしょう。

ただし、ドキュメンタリー制作のセットアップとしてこのワークをやる場合は、以下の内容をオリエンテーションの中で解説してください。

ドキュメンタリーにおけるインタビュー

□ インタビュアーは映さない

□ インタビュアーの声はカットする

□ 話す人（取材対象）はカメラ目線ではない

□ 対談ではない

　次に、3人1組でインタビューの撮影をするので、役割分担をします。1人がゲスト、1人がインタビュアー、1人がカメラマンとなります。ゲストはインタビューを受け、インタビュアーは話を聞きながら進行をし、カメラマンは構図を決めて録画します。順に、役割を入れ替えて全員のインタビューを撮影します。

 3つの役割

- ゲスト ・・・・・・・・・・・・・・・・・・・・ インタビューを受け、話をする人。取材対象であり、被写体
- インタビュアー ・・・・・・・・・ ゲストに話を聞く人。ピンマイクをゲストに付ける
- カメラマン ・・・・・・・・・・・・・・・ タブレットまたはスマホのカメラを使って構図を決め、RECボタンを押して録画をする人

▲ゲスト（右）、インタビュアー（左）、カメラマン（左奥）

　役割が決まったら、インタビューのセットアップ方法をレクチャーします。インタビュー撮影では、できる限り、三脚を用意してください。

人物や機材の配置のレクチャー（5分）

人物と撮影機材の配置について説明します。順光を意識して、ゲストとカメラ（タブレット）を配置します。

① ゲストとインタビュアーが向かい合って座る。
　タブレットはゲストのわずか斜め前に配置する
　（左右どちら側にずらしてもよい）。

② タブレットは、レンズをゲストの目線と同じ高さにする。

③ バストショットの構図をつくる。ズームを使って拡大すると画質が荒れるので、ズームはほんの少し使う程度にとどめる。

④ 準備が整った状態。

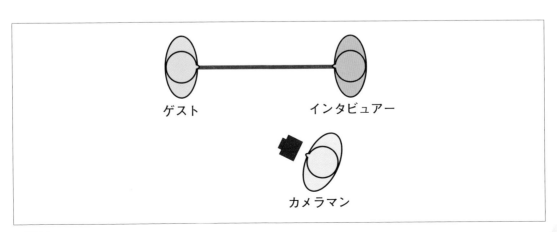

▲ 配置図

三脚の使い方

① 3本の脚は、上の太いほうから均等に伸ばす。下の細いほうから使うと不安定になる。

脚は太いほうから均等に伸ばす

② 脚をめいっぱい広げる。メーカー名が入っている脚1本を被写体（ゲスト）に向ける。残り2本の脚がカメラマン側になる。「パン棒」はカメラマンの手前に来る。

パン棒は手前に

メーカー名が入っている脚はゲストへ向ける

③ タブレット用の「アタッチメントホルダー」を「雲台」に取り付ける。ぐらついたり、回らないようにネジをしっかり締める。

タブレット用のアタッチメントホルダー

雲台

④ タブレットの画面側をカメラマンが見えるように「アタッチメントホルダー」に挟み込む。落ちないようにしっかりと止める。

⑤ 「エレベーター」は、目いっぱい上げると不安定になるので、脚を最大限に伸ばしても高さが足りないとき以外は微調整のために使う。

エレベーター

⑥ 撮影中、カメラマンはゲストが画面からズレないようにパン棒を上下左右に動かしてタブレットの位置を調節する。

配置の練習をしてみよう（10分）

配置の方法がわかったら、実際にやってみます。

▲ 撮影の様子

インプット：プロっぽくなるテクニックを学ぶ（10分）

　役割分担が決まり、配置の方法がわかったら、以下で紹介する **Tips** ＜プロから学ぶ カッコイイ映像になる7つのテクニック＞インタビュー編を例示し、プロっぽいインタビュー映像がつくれるテクニックを学びます。

Tips **＜プロから学ぶ　カッコイイ映像になる7つのテクニック＞ インタビュー編**

....

1. インタビュアーは深くうなずくだけ

- 相づちは声に出さないで深くうなずくだけにする
- ゲストが話しているときにインタビュアーの声が入らないようにする
- 少しオーバーにうなずくことでしっかり聞いていることをゲストにアピールする

2. 簡単に答えられる質問からする

- 会社名、肩書、名前、年齢
- 今日はどうやって来ましたか？
- 家からどのくらい時間がかかりましたか？
- 本題は打ち解けてから　　　　　　　　　※ただし、一問一答にならないように注意が必要

3. 構図を考える

AとBの画像を見比べてください。どちらが適した構図でしょうか。

A

B

　多くの人がしっくりくるのはBです。目線の先にインタビュアーがいることが想起され、他者を客観的に捉えていることが明確になるからです。このようにゲストの目線が向いているほうの空間を少し広めにとることで、インタビューに適した構図をつくることができます。

目線の先、インタビュアーのほうを少し空ける。天空きにも気をつけましょう
※ドキュメンタリー制作のセットアップの位置づけとして実践する場合は、以降のテクニック4〜6も子どもたちに説明
　してください。

4. カメラ目線は限定的に

　ゲストの思いやメッセージを伝えるためにあえてカメラ目線にする方法もあります。ただし、かなり強い印象になるので限定的にしましょう。

カメラ目線

5. あると便利

バインダーとペン

　ずっと見つめあっていると照れくさいですし、だんだんと疲れてくるため、時々メモをする振りをして目線をそらすことができます。

飲み物

　ゲストには用意があるものですが、長いインタビューになると乾燥して咳き込んだりするため、インタビュアーにもあるほうがよいでしょう。

メモを取りながらインタビューしている様子

6. 背景を工夫する

　映像では、背景からも非言語の情報が伝わります。そのため、背景は、場所の雰囲気やその人の職業やキャラクターがイメージしやすいものなるよう工夫しましょう。

シェフ⇒お店のテーブル席で撮影

神職⇒祭壇を背景に撮影

7. 複数のカメラで撮影する

　カメラを複数にすることで、視点や角度、人物のサイズの違った表現ができます。たとえば、2台のカメラを使う場合、1台のカメラは、ゲストをクローズアップにして表情をねらいます。もう1台はバストショットにして、その場所や雰囲気、衣装の感じも映し込みます。3台、4台のカメラがあれば、視点や人物のサイズのバリエーションを撮る工夫をしてみましょう。ピンマイクがない場合はゲストに近いクローズアップのカメラで音声を録るとよいです。

クローズアップ（表情をねらう）

バストショット（場所や雰囲気、衣装の感じもねらう）

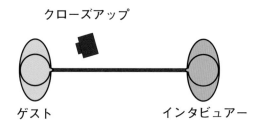

2台のカメラの配置図

練習をしてみよう（10分）

　ここまで準備ができたら、インタビュー撮影の練習をしてみます。一問一答にならないように、簡単な質問から始めて、ゲストの答えを掘り下げながら、単語ではなく、文章で答えを引き出せる流れをつくれるように練習しましょう。

質問と答えの例

Q：最近ハマっていることは？

A：ゲームです。

Q：どんなゲームが好きですか？

A：○○が好きです。

Q：○○のどんなところが好きですか？

A：△△△△なところです。

Q：そうなんですね。ゲームにはどんなキャラクターが出てきますか？

A：□□なキャラクターと■■なキャラクターが出てきます。私は□□がお気に入りです。

▲インタビュー撮影の練習

振り返り（5分）

　ここでの振り返りのポイントは、**構図を考える**です。ちょっとしたコツを知って工夫すれば、プロっぽい仕上がりになるという話をして盛り上げてください。

　特に「ゲストのわずかに斜め前」にカメラを配置するのが難しいようです。横顔ではなく、正面よりほんのわずかに斜め前、ゲストの両目が見えるように、と子どもたちに伝えてください。左右どちらにズラしてもかまいません。ゲストの「利き手」ならぬ「利き顔」を探るのも、子どもたちがおもしろがれる要素になります。

また、三脚は雑に扱うと壊れやすい機材です。事故を起こさないために、「脚を伸ばしたまま移動しない」「心配ならタブレットをいったん外す」などを再度確認します。そして、どの授業においても共通ですが、片付けまできちんとできたかについても振り返りをしてください。

▶ ＜3コマ目＞　ピンマイクの使い方、付け方

ピンマイクの扱い方を解説します。インタビュー撮影ではできるだけ、ピンマイクを用意してください。

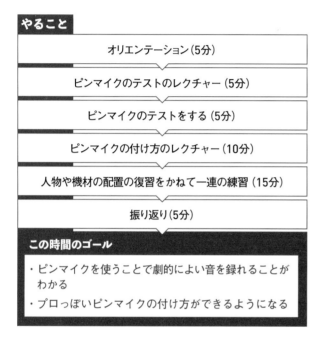

やること

| オリエンテーション（5分） |
| ピンマイクのテストのレクチャー（5分） |
| ピンマイクのテストをする（5分） |
| ピンマイクの付け方のレクチャー（10分） |
| 人物や機材の配置の復習をかねて一連の練習（15分） |
| 振り返り（5分） |

この時間のゴール

・ピンマイクを使うことで劇的によい音を録れることがわかる
・プロっぽいピンマイクの付け方ができるようになる

オリエンテーション（5分）

インタビュー撮影において、**音声**は重要な要素です。静かな場所で撮影できればよいですが、教室内など雑音の多い環境で撮影する場合もあるでしょう。このとき、タブレットやスマホの内蔵マイクでは、空間全体の音を拾う特性を持っているため、ゲストと機材の間に距離があればあるほど声よりも雑音を大きく拾ってしまいます。ピンマイクを付けることで、そのようなことが防げるうえ、ほどよい緊張感が生まれ、インタビュアーとして子どものパフォーマンスが上がるという効果も期待できます。以上のことを、まずは子どもたちに説明してください。

ピンマイクのテストのレクチャー（5分）

ピンマイクを使用する場合は、撮影前にピンマイクのテストをします。まずは、ピンマイクのテストの仕方をレクチャーしてください。

ピンマイクのテストの仕方

1. マイクのケーブルの先にあるピンジャックを端末に挿す（iPadなどでは変換アダプターが必要な場合もある）

2. RECボタンを押して録画をスタートする

▲2. RECボタンを押す

3. マイクを口元に近づけてささやく

▲3. 口元に近づけてささやく

4. マイクの先（スポンジ）を指でトントンと叩く

5. RECボタンを押して録画をストップする

▲4. トントンと叩く

6. マイクのピンジャックを端末から抜いてから、再生してみる

※正常な場合は、小声やトントンが大きな音で録音されています。もし不具合があると、これらの音が、端末の内蔵マイクが拾う全体の音に混じって、小さくしか聞こえません。接続部などをチェックしてみてください。なお、ピンマイクは安価なものでかまいませんが、時々、初期不良や端末と相性が悪いことがあるので、再注文できるように実施日の1週間以上前に動作チェックが必要です。

▲6. 端末から抜いて再生

マイクのスポンジを優しくトントンとたたく

◀ピンマイクのテストの仕方：解説動画
https://book.impress.co.jp/closed/eizo_edu/
Chap2_mov02.html

ピンマイクのテストをする（5分）

ピンマイクのテストを実際にやってみましょう。

 ピンマイクの付け方のレクチャー（10分）

ピンマイクの付け方はコツが要るので、必ず先生が事前にできるようになっておいてください。まずは以下の2つの写真を見せて、付け方の良い例・悪い例のイメージトレーニングをします。

▲ 良い例（マイクのケーブルが見えにくい）

▲ 悪い例（マイクのケーブルが見えている）

続いて、ピンマイクの付け方をレクチャーします。

表から見ると

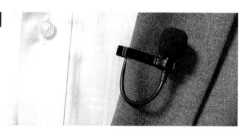

裏から見ると

▲ケーブルで輪っかをつくり、クリップで固定する

少々手間がかかります。わかりにくい場合は、以下の解説動画を確認してください。

◀ **ピンマイクの付け方：解説動画**

https://book.impress.co.jp/closed/eizo_edu/
Chap2_mov03.html

45 **人物や機材の配置の復習をかねて一連の練習**（15分）

　ここまでできたら、実際にピンマイクを付けて、＜2コマ目＞で学んだように人物や機材の配置をして、インタビュー撮影の一連の練習をやってみます。

45 **振り返り**（5分）

　ピンマイクは、服の種類によっても付け方が変わるので、いろいろな衣装で試してみると盛り上がります。重要なのは、**しっかり固定されていること**と**ケーブルが服の下に隠れて見えにくくなっていること**です。このポイントをしっかり振り返ってください。

▲ ボタン付きシャツへの付け方

▲ 丸首の服への付け方

　なお、「テレビ番組の見方が変わるよね。出演者のピンマイクに注目してみて。一番工夫されているのはバラエティ番組だよ。」といった声がけが、授業外でも学び続ける姿勢につながります。また、「撮影が終わったら、ゲストからピンマイクをきちんと外してあげるまでが仕事」だということも伝えてください。

▶ ＜4コマ目＞　撮影前の構成→実際の撮影→編集前の構成

　本番のインタビュー映像の撮影前に、**構成**を考えることの必要性について解説します。映像制作というと、撮影と編集の技術習得に目を向けがちですが、実は、構成を考えることが最も重要です。ただ映像が完成すればゴールというわけではありません。これは、プロでも同じです。特に学校で取り組む場合、そのプロセスに教育的意義が必要です。

　撮影技術を使って撮影した素材を、編集技術を使って編集するだけでは、伝えたいテーマが伝わるインタビュー映像にはなりません。

- 必ず、事前に完成形を思い描いて、そのために必要な構成要素を考えてから撮影する
- 撮影が終わったら、撮影素材を要素分解して吟味し、改めて全体構成を考え、必要な構成要素を取捨選択する

ということが必要であり、これが**構成を考える**という作業になります。

映像を制作するにあたり、構成を考えるタイミングが2回あります。1回目が撮影前、2回目が編集前です。撮影・編集をするためには、あらかじめ**構成**を考えておく必要があることを、まず先生が理解してください。そして、子どもたちにも理解させてください。第6章、第7章で扱うドキュメンタリー制作のような中長期のプログラムの場合は、より綿密な構成を考える作業が必要になります。そこでここでは、インタビュー映像づくりを通じて、構成を考える基本的な方法を紹介していきます。

やること

撮影前の構成（10分）

インタビュー撮影（20分）

編集前の構成（10分）

振り返り（5分）

この時間のゴール

・事前に構成を考えてから撮影や編集作業に取り組めるようになる

・段取りの悪い撮影、また、際限なく編集作業をしてしまうことを防止できる

撮影前の構成（10分）

今回は、「あなたのコロナ禍」というテーマで1分尺のインタビュー映像をつくります。

まずは、どんな質問をするか、質問項目を決めていきます。インタビュー映像にとって、最も大事な構成要素が**質問の内容**です。テーマに合致したインタビューにするために、撮影前に質問事項を考えることが、**撮影前の構成を考える**ということになります。

どんな質問をするか、制限時間を決めて、質問を10個以上考える時間を取ってください。付箋に書き出すのがよいでしょう。なお、**付箋1枚につき、質問を1つだけ書きます**。正方形の付箋だと質問をいくつも書く子どもが案外多いので、長方形の付箋を推奨します。

質問の一例

・自粛期間中はどのような気持ちでしたか？

・自粛期間中に新しく始めたことはありますか？

・コミュニケーションに変化はありましたか？

・コロナ禍が終息したらやりたいことは何ですか？

書き出した質問をただ順番に聞くのではなく、「どの順番で聞くと話が引き出せるか」という視点でも考えられるとよいでしょう。付箋に書いておけば、順番を入れ替えて考えるのにも便利です。なお、付箋は外れやすいものなので、最後に写真を撮って記録として残しておきましょう。

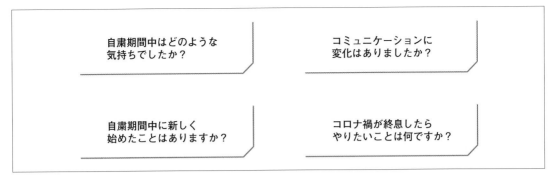

▲ 付箋に質問を書き出していく（撮影前の構成）

インタビュー撮影 （20分）

　撮影前の構成が終わったら、3人グループで順番にインタビュー撮影をします。完成尺は1分ですが、編集して仕上げるので、**1人につき2分〜3分を目安に**撮影してください。ここまでのワークを通して、子どもたちは、より多くの素材があったほうが編集の際の選択肢を多く持てるということを理解しているはずです。

　なお、20分と設定していますが、撮影が早く進んでいるようなら、早めに切り上げてください。機材があるとどうしても遊び始めてしまいます。

編集前の構成 （10分）

　撮影が終わったら、それぞれの質問に対してどのような答えが得られたか、撮影した映像を観ながら、**1つの回答を付箋1枚に収まる程度（1行）に書き出します。**

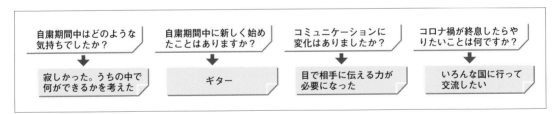

▲ 質問と回答の付箋をひと組にする（編集前の構成）

　回答の内容を長々と書く必要はなく、みんながわかる程度でかまいません。ここからが、**編集前の構成を考える**という段階になります。質問と回答の付箋をひと組にして、最初から最後まで並べてみます。次に、順番を考えたり、よい答えではなかったら付箋を外したりして、全体の流れを考えます。

　撮影前の構成も編集前の構成も、時間をかけるとダレてしまうので、ゲーム感覚で急かすぐらいの雰囲気にするのがコツです。

なお、質問の内容とその答えが違っているけれど、よい回答だから映像で使いたい、という場合があります。答えながら話の方向性が変わるということはよくありますし、そこにこそ、その人が伝えたい内容が含まれているかもしれません。このような場合は、映像で使いたい回答に合わせて、撮影前の構成で付箋に書いた質問を変えてしまってもかまいません。意外に思うかもしれませんが、第1章でも説明したように、映像はあくまで「創作物」です。つくり手は、構成を考えてから撮影に臨み、撮影後もその素材を、意図を持って取捨選択し、編集しています。実際にこのような体験をすることで、子どもたちは、実感を伴って、メディアリテラシーを身につけていきます。なお、編集前の構成も、最後に写真撮影して保存しておいてください。

振り返り (5分)

ここでは、**構成を考える**ことがポイントになります。きちんと構成を考えてから撮影に臨み、撮影後にその素材を、意図を持って取捨選択するということを、しっかり確認してください。ここがしっかり理解できていることが、ドキュメンタリー制作にチャレンジする際にも重要になります。どの授業プログラムに取り組む場合でも、事前の構成、それが映像作品の**設計**になります。楽しんで取り組めるワークの段階でこそ、しっかり取り組むことが大切です。

▶ ＜5コマ目＞ 編集 —— 発表

編集前の構成ができたら、いよいよ実際の編集作業に入ります。5コマ目は、全体的なスキルの程度によっては、最初から2コマに設定するほうがよいケースもあります。

編集アプリの「操作」を覚えることと、編集「作業」のレクチャーは別と考えてください。これを授業で同時に実施するのはかなり難しいです。特に、総合的な学習（探究）の時間など学年全体で取り組む授業では、操作を身につけるステップは事前に終えた状態で、体系だった編集作業に進みたいところです。クラス単位で、事前に編集アプリに触れて操作ができるようになっておいてください。やり方を教える時間を取るというより、時間を決めて遊ばせるぐらいが一番身につきます。

やること

全体の流れを組み立てる＜カット編集＞のレクチャー (5分)

カット編集 —— プレビューして修正する (15分)

効果を付けて加工する (10分)

仕上げをする (音量を調整して書き出す) (5分)

発表 —— 振り返り (10分)

この時間のゴール

・体系だった作業フローを使うことで、際限なく作業をしてしまうことを防止できる
・俯瞰的な視点を持った映像作品に仕上がる

全体の流れを組み立てる＜カット編集＞のレクチャー (5分)

　編集とは、あらかじめ考えた構成をもとに、撮影した素材を取捨選択して、必要な部分を残し、不要部分をカットしたり、並べ替えたりする作業のことをいいます。**カットして、並べる**、これが編集作業の基本です。全体の流れを組み立てるために、まずは、「カット編集」のレクチャーをします。映像用語では、撮影素材の長さを調節したり、つなぎ合わせたりする編集のことを**カット編集**といいます。なお、読み込んだ映像データの中から一部を取り出してカットすることを**つまむ**といいます。

カット編集の手順

1. データを読み込む

　編集アプリを起動して、プロジェクトを作成します。テンプレートを使った自動編集などさまざまな機能が選べますが、自分でゼロからムービーを作成できる項目を選びましょう（iMovieでは「新規プロジェクトを開始」→「ムービー」）。次に、素材を読み込む画面が表示されるので、撮影した動画データを読み込みます。

2. タイムライン上で、質問＆答えごとに分割する

　動画データを読み込むと、自動的に編集画面に切り替わり、動画データがタイムラインに並べられます。タイムラインに読み込まれた動画データを**クリップ**と呼びます。作業を始める前に、基本的な編集アプリの用語を確認しておきましょう。

▲編集アプリの画面イメージ

第2章　映像制作の基本を学ぶ

❶タイムライン	クリップを再生される順番で観られるようにしたもの
❷クリップ	読み込んだ動画、静止画、サウンドデータ、またはそれらのデータから必要な部分だけ切り出したもの、その1つひとつ
❸再生	タイムラインの再生や停止。中央の縦の線を基準にする
❹プレビュー画面	編集した映像を確認する
❺素材の追加	動画、静止画、サウンドデータを読み込む
❻削除	クリップを削除する
❼編集メニュー	クリップを調整したり、加工したりする
❽共有	書き出しを実行する

　まずは、❶〜❽の項目を覚えておいてください。

　新しいプロジェクトに読み込んだクリップ（動画データ）をタップして選択してみましょう。クリップが選択され、枠で囲われます（iMovieでは黄色の枠）。この枠で囲われたクリップは、調整が可能になります。

▲タイムライン上で分割する（アプリ画面のイメージ）

　クリップを分割するためのツールは、そのほとんどがハサミのマークをしたアイコンになっていて、「アクション」や「編集」、「カット」と表記されています。ハサミのアイコンをタップして、「編集」メニューを表示します。「分割」と書かれたアイコンをタップすると、クリップがタイムライン中央の縦の線を基準にして左右に分かれ、別のクリップとして認識されます。

3. クリップごとに不必要な部分（質問や言い間違えなど）をつまんでいく

　タイムラインを最初から再生しながら、不必要なクリップを「削除」ボタンでつまんでいきましょう。撮影の前後にできる余白や、インタビュアーが質問しているところは必要ありません。言い間違えてしまっているところや、「えーと」「うーん」など長い時間悩んでいるところも、不自然にならない程度につまみ（カット編集し）ます。

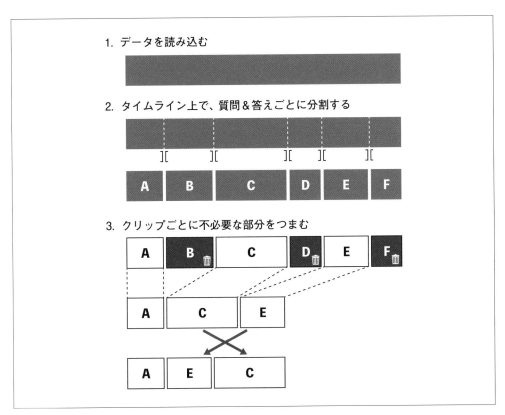

▲ カット編集のイメージ

　不必要な部分をつまんだら、「編集前の構成」に従って、タイムラインにクリップを並べます。タイムラインでは、映像の切り替わりやBGMが入るタイミングを一目で把握することができます。現在、主流の編集アプリのほとんどがタイムライン上に、動画、静止画、サウンドなどの素材を並べて編集する方法を採用しています。

　インタビューで質問をした順番と編集前の構成で決めた質問の順番が違う場合は、順番を入れ替えたいクリップを選択したまま、左右にドラッグすることで、クリップの順番を入れ替えることができます。

▲ クリップの順番を入れ替える（アプリ画面のイメージ）

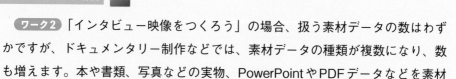

素材が複数ある場合

　ワーク2「インタビュー映像をつくろう」の場合、扱う素材データの数はわずかですが、ドキュメンタリー制作などでは、素材データの種類が複数になり、数も増えます。本や書類、写真などの実物、PowerPointやPDFデータなどを素材として使いたい場合もあるでしょう。

　編集アプリでは、読み込める素材データの種類が決まっています。動画、静止画、サウンドのデータがそれにあたり、実物はもちろん、PowerPointやPDFデータもそのままの状態では編集アプリに読み込むことができません。編集アプリに読み込むためには、何らかの方法でJPGなどの静止画データにする手順が必要です。スキャナーでスキャンする、カメラで撮影をする、スクリーンショットをするなどの方法があります。この手順と同時進行で、編集作業をスムーズにするために、使用するすべての素材データを、作業を行う端末に集めておくようにしてください。

　素材データが準備できれば、編集作業はインタビュー映像制作と同じ手順で行うことができます。編集前の構成に従って用意した素材データを順番に読み込んで、不必要な部分をつまみ、尺に収めてください。

4. 編集前の構成を見ながら、尺（1分）に収める

　クリップの長さを調整し、決められた尺（1分）に収めます。長さを調整したいクリップをタップし、調整が可能な状態にします。枠の左端をドラッグするとクリップの先頭の部分を、右端をドラッグするとクリップの終わりの部分の長さをそれぞれ調整できます。尺内に収めるゲーム感覚にして楽しむぐらいの感覚で行うのがポイントです。

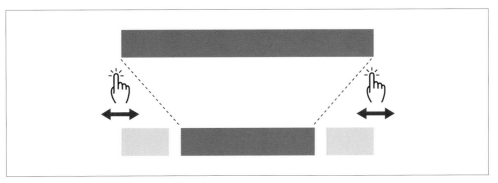

▲ 長さを調整する

　使用する端末や編集アプリによって、方法はさまざまですが、基本的な機能はほぼ共通していますので、各学校で利用するアプリのマニュアルなどを確認して作業を進めてください。

カット編集 —— プレビューして修正する（15分）
　カット編集のレクチャーが終わったら、実際に作業をしていきます。

　すでに編集アプリの使用経験があるなど、ある程度作業できる子たちが集まっている場合は、あっという間にカット編集は終わるので、全員でプレビューして修正する作業をしてください。

プレビューして、修正する手順

1. 全員で、最初から最後までを止めずに観る
2. 改善点を話し合う
3. 修正する

45 効果を付けて加工する（10分）

　カット編集が終わったら、効果を付けます。インタビュー映像では、インタビュアーが声に出して質問をしているところはつまみます。その代わり、次で解説するテロップやトランジションを使って、Q＆Aがわかりやすく伝わるよう編集します。インタビューの雰囲気や印象に合ったBGMも入れましょう。

効果を付ける手順

1.　トランジションを入れる
　今回は以下の3つのトランジションを入れます。
　　　①始まりはフェードイン
　　　②答えが変わるところはディゾルブ
　　　③終わりはフェードアウト
2.　テロップ（字幕）を入れる
3.　BGM（音楽、効果音）を入れる

1. トランジションを入れる

　トランジションとは、画面の切り替わりのことです。
　①フェードイン（始まり）
　　フェードインとは、黒や白の画面から次第に次のカット（動画や静止画）が浮かび上がってくるエフェクトです。何かが始まるような表現ができます。
　②ディゾルブ（答えが変わるところ）
　　ディゾルブとは、前のカットがフェードアウトするのに合わせて、次のカットがフェードインするエフェクトです。「dissolve」は英語で「溶かす」という意味で、ディゾルブを入れる時間を短く（おおよそ1秒以下）するとつなぎ目を滑らかに見せられ、反対に長く（おおよそ1秒以上）すると話題の転換や時間の経過などを表現できます。
　③フェードアウト（終わり）
　　フェードアウトとは、前のカットが徐々に黒い画面に隠れるエフェクトです。画面が次第に黒に溶け込んでいき、何かが終わるような表現ができます。黒い画面を白に変えれば、黒とは違った印象を与えることができます。

　具体的な効果については、以下の解説動画で確認してください。

トランジション
① フェードイン（始まり）
② ディゾルブ（答えが変わるところ）
③ フェードアウト（終わり）

◀ **トランジション：解説動画**

https://book.impress.co.jp/closed/eizo_edu/
Chap2_mov04.html

トランジションの基本となる「ディゾルブ」から説明をしていきます。

②ディゾルブ（答えが変わるところ）を入れるには、タイムラインのクリップとクリップの間にあるトランジションのマークをタップします。トランジションのメニューが表示され、種類を変更できるので、ディゾルブを選択してください。

①フェードイン（始まり）と③フェードアウト（終わり）は、タイムライン上に黒（または白）の静止画を追加する必要があります（iMovieでは「素材の追加」→「バックグラウンド」）。追加した静止画と動画のクリップをディゾルブさせることで、フェードイン（フェードアウト）をつくることができます。

▲ トランジションを入れる（アプリ画面のイメージ）

2. テロップを入れる

テロップとは、映像の中に出すテキスト（文字）のことです。次の2つの映像を観比べてください。

▲ **コメントフォローした映像**

制作：TMS東京映画映像学校

https://book.impress.co.jp/closed/
eizo_edu/Chap2_mov05.html

▲ **コメントフォローしていない映像**

制作：TMS東京映画映像学校

https://book.impress.co.jp/closed/
eizo_edu/Chap2_mov06.html

2つの映像を観比べたら、子どもたちに感じ方の違いを聞いてみてください。話している言葉のすべてにテロップを入れた（コメントフォローした）Aに対して、強調すべき内容だけにテロップを入れたBは「表情に目が向き、取材対象の思いが伝わってきた」といった感想につながります。また、視聴者は、テロップが出ると無意識に文字を目で追ってしまいます。

　この実践は入門編なので、インタビューの答えには一切テロップを入れない（コメントフォローしない）ようにしてください。そのほうが表情を見せることの良さを伝えることができ、編集の作業工数も減ります。ほとんどの子どもがコメントフォローをすることが当たり前だと思っているので、テロップを入れることに多くの工数を使ってしまいがちです。コメントフォローすることが編集だと思っている子どももいます。

　ここでは、質問のみ、「1枚画（静止画）で表示する」、または「映像にかぶせる形でテロップを入れる」ことにします。なお、両方を試してもらいたいので、以下のようにしましょう。

- 最初の質問は、1枚画で表示する（次項参照）
- 2つ目の質問は、映像にかぶせる形でテロップを入れる
- 3つ目の質問以降は、どちらか好みのほうを選択してよい

質問を1枚画で表示する方法
　最初に質問のテロップ（1枚画）が表示されてから、回答が始まる、という方法です。

　まず、質問の1枚画をつくります。編集アプリによっては、思うように1枚画をつくることができないものもあります。その場合は、端末に標準で搭載されている「写真」アプリのマークアップ機能などを使用して、静止画の素材を用意します。用意ができたら、編集アプリの「素材の追加」をタップして素材を読み込んでください。

　編集アプリ内で1枚画をつくる場合は、まず背景となる静止画の素材をタイムライン

に追加します（iMovieでは「素材の追加」→「バックグラウンド」）。追加した背景となるクリップの上に、次に説明する「テロップの挿入方法」を参考にして、テキストを挿入しましょう。

質問を映像にかぶせる方法

最初の答えが終わったら、次の質問に進んだところで、質問の内容をテロップで表示します。テロップの位置は、被写体の邪魔にならないようにします。

▲ 質問を映像にかぶせる

テロップの挿入方法

実際に、映像にテロップを入れてみましょう。テロップを挿入したいクリップを選択し、メニューの中からテキストのアイコンをタップします（編集アプリによって「タイトル」や「テキスト」と表記されています）。

プレビュー画面に文字が入力できるテキストボックスが現れます。文字を入力し、位置やデザインを調整しましょう（編集アプリによってできることが違います）。

▲ テロップを挿入する（アプリ画面のイメージ）

1枚画（静止画）のテロップ、映像にかぶせたテロップのいずれも、テロップを表示する時間の長さは「つくり手が落ち着いて3回読める長さ」を目安にすると、長すぎず短すぎない時間に調整できます。

ただし、ドキュメンタリー制作のセットアップとして実践をする場合は、以下のテロップの入れ方を補足説明してください。

- コメントフォローではなく、強調すべきところだけにする
- 句読点を打たない。読点「、」は半角スペース、文中の句点「。」は全角スペースに置き換える
- 20文字程度×2行以内で、2行になるときは、和文は左揃え、英文は中央揃えにするという慣習にならう。ただし、編集アプリによっては中央揃えしかできないこともあり、1枚画で質問を出すときは、デザイン的に中央揃えがしっくりくることもある

▲テロップの入れ方の見本

3. BGMを入れる

　編集アプリにプリセットされているフリーのサウンドデータをBGMとして使用しましょう。編集アプリによってさまざまですが、「素材の追加」または「オーディオ」、「ミュージック」のような専用メニューからBGMを選ぶことができます（iMovieでは「素材の追加」→「オーディオ」→「サウンドトラック」）。

　BGMはタイムラインに追加する前に試聴することができるので、映像のイメージに合うものを選びましょう。使用したいBGMが決まったら、実際にタイムラインに追加します。（iMovieでは濃い緑色のクリップとして、映像のクリップの下に追加されます）。

▲BGMを入れたり、音量を調整したりする
（アプリ画面のイメージ）

　BGMのクリップは、映像のクリップと同じように編集することができます。BGMの開始とインタビューの開始が合うように位置を調整します。加えて、BGMの音量をインタビューの邪魔にならない大きさに調整してください。オーディオのクリップをタップしてから、「音量」のアイコンをタップし、音量バーを左右にドラッグすることで音量を変えることができます。

仕上げをする —— 音量を調整して書き出す（5分）

　ここまでの作業が終わったら、タイムラインを再生しながら最終確認をします。このとき、音量のバランスをよく聞いてください。インタビューの音量が小さい場合は、動画のクリップを選択し「音量」ボタンから音量を上げるか、BGMのクリップの音量を下げます。

　確認をして問題がなければ、最後に**書き出し**という工程を行います。**書き出し**とは、作業を経て細かく分割されたクリップを1つのファイルとしてまとめることを指し、テロップやBGMも一緒にファイルの中に組み込まれます。書き出しを行うことで、他の端末に映像を送ったりインターネット上に公開したりできるようになります。

　編集アプリによって違いますが、「共有」などのアイコンをタップすると書き出しが実行されます（iMovieでは「完了」から1つ前の画面に戻り、「共有」→「ビデオを保存」）。書き出しには時間がかかることをあらかじめ想定しておいてください。書き出しが完了すると、端末の「画像」フォルダや「写真」ギャラリーに保存されます。

　ファイル形式を指定できる編集アプリの場合は、（H.264コーデックの）mp4を推奨します。MOVファイルはデータ容量が大きくなってしまうため、タブレットの保存容量を圧迫してしまいます。また、画面の比率は16：9とします。編集アプリによってデフォルトで設定されている比率が異なるので※2、気をつけてください。

◀インタビュー映像（サンプル）

https://book.impress.co.jp/closed/eizo_edu/
Chap2_mov07.html

発表 —— 振り返り（10分）

　書き出しが完了したら、発表します。時間も限られていますので、何本か選んでスクリーンやモニターに映し出し、全員で観てから、振り返りの時間を取ります。お互いの映像を観ることで、気づきや学びがありますので、フィードバックし合う時間も取れればなおよいです。俯瞰的な視点を持った仕上がりになっているかという観点で振り返りをしてください。

※2　一般向け無料アプリでは、1：1が初期の設定になっていることがあるので、適宜変更してください。

2-4 「インタビュー映像をつくろう」の実践例

—— 鎌倉市立深沢中学校（3年）

最後に、 ワーク2 「インタビュー映像をつくろう」の学校現場での実践例を紹介します。総合的な学習の時間での取り組みとして、修学旅行の際に、現地のお店を取材し、魅力を伝えるインタビュー映像をつくるという実践です。実際に授業を行った吉岡遼平先生に実践内容についてインタビューし、まとめました。

| 授業紹介 | 修学旅行の事前・事後学習で
インタビュー映像をつくる授業実践 |

実践者　吉岡遼平／鎌倉市立深沢中学校

ねらい

修学旅行の事前・事後学習において、「訪問先のことを調べて壁新聞をつくろう」、「旅行記をつくろう」といった取り組みがよく行われますが、生徒たちにとっては学びや達成感を感じにくいケースがほとんどです。そこで、修学旅行の事前・事後学習が、生徒たちの体験学習を主軸に置いた活動となるよう、訪問先の岐阜県高山市に生きる人たち（特に文化・経済活動をしている人たち）にインタビューをし、それを映像にすることで自分たちが生きる社会を顧みるということをねらいとした活動を企画しました。

活動の内容＜事前学習＞

まず生徒たちに、高山市から「市をPRしてほしい」という依頼があり、インタビューを通して高山市の魅力を観る人に伝える映像でつくる、という趣旨を伝えました。

修学旅行の班ごと（5名〜6名）に、高山市の事業所にアポイントメントをとり、各班の希望をもとにインタビューする事業所を割り振りました。インタビューの内容は基本的に生徒たちが考えましたが、「どんな仕事をしているか」「高山市で働くことで大切にしていることは何か」の2つは共通の質問としました。現地でのインタビューの際の役割はこちらで提示し、各班で話し合って決めてもらいました。

▼役割

インタビュアー	事業所の方に実際にインタビューをする人
ディレクター	現場の進行、カット割り、映像構成の段取り、撮影許可取り、カンペ出し
カメラマン1	音声収録、照明も兼ねる。アップの画を撮る
カメラマン2	ロングの画、背景も撮る
エキストラ	実際に体験をしたり、客としてお店に登場したりする人

役割分担までできた時点で、山﨑達璽さんを講師として招き、インタビュー映像をつくるためのワークショップ※3を開催しました。ワークショップでは、カメラや人物の配置、音声の録り方、話を聞くうえでのコツなど、およそ学校生活では学べないようなことを実践ワークを通して学びました。実のところ、このワークショップを実施したのは、修学旅行わずか3日前のことでした。

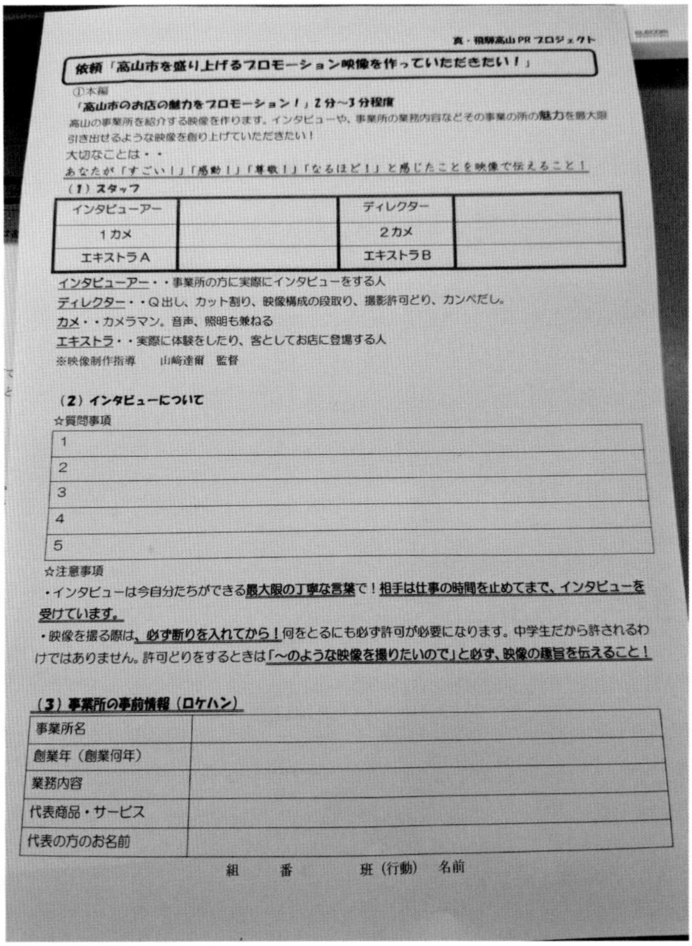
真・飛騨高山PRプロジェクト

依頼「高山市を盛り上げるプロモーション映像を作っていただきたい！」

①本編

「高山市のお店の魅力をプロモーション！」2分～3分程度

高山の事業所を紹介する映像を作ります。インタビューや、事業所の業務内容などその事業の所の魅力を最大限引き出せるような映像を創り上げていただきたい！

大切なことは・・

あなたが「すごい！」「感動！」「尊敬！」「なるほど！」と感じたことを映像で伝えること！

（1）スタッフ

インタビューアー		ディレクター	
1カメ		2カメ	
エキストラA		エキストラB	

インタビューアー・・事業所の方に実際にインタビューをする人

ディレクター・・Q出し、カット割り、映像構成の段取り、撮影許可どり、カンペだし。

カメ・・カメラマン。音声、照明も兼ねる

エキストラ・・実際に体験をしたり、客としてお店に登場する人

※映像制作指導　山﨑達璽　監督

（2）インタビューについて

☆質問事項

1
2
3
4
5

☆注意事項

・インタビューは今自分たちができる最大限の丁寧な言葉で！相手は仕事の時間を止めてまで、インタビューを受けています。

・映像を撮る際は、必ず断りを入れてから！何をとるにも必ず許可が必要になります。中学生だから許されるわけではありません。許可どりをするときは「～のような映像を撮りたいので」と必ず、映像の趣旨を伝えること！

（3）事業所の事前情報（ロケハン）

事業所名	
創業年（創業何年）	
業務内容	
代表商品・サービス	
代表の方のお名前	

組　番　班（行動）　名前

▲事前学習で使用したワークシート

※3　2-3節の＜２コマ目＞の内容。

▲ 体育館でインタビュー撮影の練習をしている様子

活動の内容＜インタビュー撮影当日＞

　インタビュー撮影に充てる、高山市での班別自主行動の時間は5時間。本校の例年の2倍の時間を確保したものの、インタビュー撮影、外観や商品、仕事をしているところの撮影などで、時間いっぱい使っての撮影となりました。実際のインタビュー撮影は、どの班も緊張した様子で取り組んでいました。事前のワークショップで学習していたおかげで、ただ質問するだけで終わった班はほとんどなく、「映像を制作するんだ」という意識で臨んでいました。構図や編集の視点などを吟味する班もあり、事業所の方に「編集でいろいろ素材が欲しいので、御社の商品を撮らせていただいてもよろしいでしょうか？」と依頼する班もあったぐらいで、生徒たちが主体的に取り組む活動になりました。

▲ 訪問先でインタビュー撮影している様子

活動の内容＜事後学習＞

　修学旅行から帰ってきてすぐに、班ごとにインタビュー映像の編集作業に入りました。実際の作業に入る前にまず行ったことは、編集前の構成を考える作業。レジュメを生徒たちに配布し、撮影した素材（映像）を「アクション」「イメージ」「インタビュー」に分類して付箋に書き、模造紙上で構成を考えてもらいました※4。この作業を行うことで、班のメンバー全員で構成考えることが可能となり、話し合い活動が生まれました。「最初にインタビューを入

※4　この作業については、第6章の6-4節 ステップ3 (p.133) を参照。

れると、その人の仕事がわからないから商品の紹介から入れてみよう」「インタビューの内容は入れ替えて、間に店内の映像を入れよう」など活発な話し合いがどの班でも見られました。

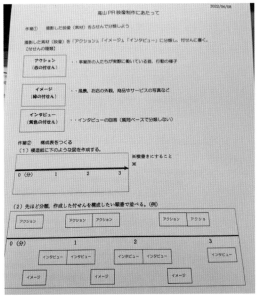
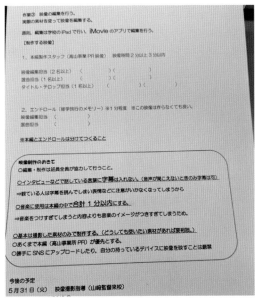

▲ 事後学習で使用したレジュメ

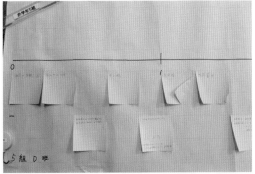

▲ 付箋と模造紙で構成を考える様子

　編集前の構成作業を終えてから、改めて編集の実作業をして映像を制作する際の役割を決めました。どうしても編集アプリを使える生徒が1人で作業を請け負ってしまいがちですが、役割分担することで班のメンバー全員が担当の作業をし、このプロジェクトを自分事化することができます。

　編集作業日程の途中に、山﨑さんを招いて講評いただく「中間発表」を計画しました。すべての班が発表する時間はないため、クラスごとに1班を代表として選出。選出された班と山﨑さんが同じ教室で制作途中の映像を観て講評してもらい、ほかの生徒たちはZoomを使って自クラスでその様子を見る、という形式で実施しました。中間発表の目的は、進捗状

況を見るというよりも、「締め切りを決めることで各班に責任感を持たせるため」です。また、専門家に観てもらうことで意識が高まり、より高次な活動に生徒の中で昇華できるのではないかと考えました。結果として、すべての班がある程度形になった状態で、中間発表の日を迎えることができました。

▲ 中間発表の様子

　編集の実作業の中で生徒たちが最も苦しんだのが、インタビューの撮影データの再構成でした。YouTube動画などの映像媒体で、「説明テロップあり」に慣れている子どもたちは、目と耳で入る情報をどのように効果的に視聴者に伝えるかについて、とても悩んでいました。インタビューの撮影データをすべて入れると時間が足りない、かといってどこで削ってよいかわからない。しかし、そんな葛藤を乗り越え、ほぼすべての班が単なるインタビュー動画に終わらず、さまざまなこだわりを持って映像を完成させました。

　この一連のPBLは、修学旅行の前の事前学習を含めてわずか8コマ（1コマ50分）の計画で行われたものです。準備や編集の時間が足らず、質の高い映像作品が仕上がったとは言いがたいですが、生徒たちが自らで考え、主体的に行動し、高山市の魅力を伝える映像作品になったという点では、今までの本校のカリキュラムにはなかった成果であったと感じています。

　今回、市から貸与されているiPadを修学旅行に持っていくことで、生徒指導上のトラブルに発展するかもしれないという不安の声も上がりましたが、いざ実行してみると、懸念とされていたトラブルもなく、むしろ「インタビューに使うから、間違った使い方はできない」と考えた生徒が大多数でした。「通常授業では教えられないこと」という観点で、生徒の学習に迫ったからこそ、今回の収穫があったと考えています。生徒1人ひとりの主体性を引き出すためには、「いつもと違うことをやる」よりも「専門性の高いことをやる」ということが、この取り組みのキーポイントだったと改めて感じています。

実践者の声

●竹森正人／柏市立逆井小学校　教頭
相手に「伝わる」映像制作〜表現スキルとメディアリテラシーを身につける〜

「実際に映像をつくる側になり、その仕組みを体験できてよかった。」

これは、本校で子どもたちが制作した映像を視聴した保護者からの感想です。

高学年ともなるとYouTubeなどのSNS動画コンテンツの影響を強く受け始め、保護者からはスマホを使用した動画のやりとりが多くて心配という声が寄せられていました。また、1人1台端末が導入され、学校としても子どもたちにメディアリテラシーをどう身につけさせるかが大きな課題となっていました。

本校のある学年で実施したアンケートでも、「YouTube動画の情報はたいてい信用できると思う」が51.8%、「テレビ映像の情報はたいてい信用できると思う」が79.6%という結果が見られました。映像から得られる情報は、多かれ少なかれ、制作者が意図して表現したものであり、それらをすべてうのみにしてしまうのではなく、批判的な見方ができるようにしなければなりません。実際に映像制作をする側を経験することで、批判的な見方に気づいてほしいというのもこの学習のねらいの1つでした。

本校では、教員研修から5年生と6年生の映像制作まで一連のプロジェクトの講師として、山﨑達璽氏を招きました。まず「映像制作教育研修」を行い、職員が実際に自己紹介とインタビュー映像の制作を体験することで、実際の授業イメージを築くところから始めました。映像制作は非言語表現方法の1つとして、学年・教科を問わずさまざまな学習場面に応用できると考えます。この研修に参加した本校の栄養士も食育教育に活かしたいと意欲を高めていました。その後、実施予定の5年生と6年生の学級担任同士で話し合い、映像制作の活用テーマを考えていきました。その結果、5年生が「学級の魅力が相手に伝わる映像づくり」、6年生が「保護者に卒業の感謝が伝わる映像づくり」と学年に応じたそれぞれ異なるテーマとなりました。

5年生は3人1グループで映像制作を進めました。社会科の情報産業の学びとつなげ、映像制作のテーマを「学級の魅力が伝わる」とし、主体を自分にして「伝える」ものではなく、主体を相手にして「伝わる」ものとして、映像表現を客観的に捉えるように促しました。

子どもたちは各々にインタビュー映像を撮影し、その映像をもとに編集していきました。編集アプリを使って映像をつなぎ合わせたり、テロップを入れたり、音楽を入れたり。学級担任があれこれ指示を出さなくとも、子どもたちは個々に身につけたスキルを教え合い、新たな表現方法を共有しながら、主体的・協働的な学びを築いていきました。完成の2週間前に中間発表の機会を設け、お互いの映像を観合うことにより、より相手に伝わる映像にするための検討をしました。たとえば、「助け合える優しさ」を表現するために落とし物をした友達を助ける演技（再現ドラマ）を撮影し、その映像をインタビュー映像に挿入したグループがありました。その映像を観た別のグループの子どもたちが刺激を受け、自分たちの映像にそのアイデアを取り入れていました。子どもたちは工夫をしながら、「知る」と「創る」のサイクルを回して取り組んでいきます。映像表現は、模造紙に書く表現のように1回書いたら直しができないものではなく、繰り返し改善できるところも表現方法として優れている点だと考えます。

「どこまで真実を描いているか？」

山﨑氏は、子どもたちに問いました。はっとさせられる問いです。

子どもたちは、相手に伝わる映像を制作する側に立ったからこそ、どんな映像でもその制作者側には意図があり、その意図に沿って効果的に編集されたものであり、それゆえ100%真実ではないということを、実感を伴って理解できたのではないでしょうか。映像制作を通して、映像表現を楽しく学び、スキルを身につけていくと同時に、メディアリテラシーの視点を身につけていける、そんな充実した学習がこれからの時代を生きる子どもたちに必要であると思います。

● 「インタビュー映像をつくろう」実践事例／鎌倉市立深沢中学校（3年）

▲作品A

https://book.impress.co.jp/closed/
eizo_edu/Chap2_mov08.html

▲作品B

https://book.impress.co.jp/closed/
eizo_edu/Chap2_mov09.html

平井聡一郎の総括

　第2章は、映像表現を取り入れた授業の基本的な流れを、取り組みやすい授業デザインのワークを通して理解できる内容になってます。自己紹介、インタビューというテーマは、ICTに不慣れな先生でもなじみのある内容で、小学校低学年でも取り組むことができます。また、簡単に実践できるわりに、とても効果的なテクニックを紹介しています。単なる動画撮影から、映像表現というクリエイティブな学びにステップアップできるポイントといえるでしょう。

　さて、本章では30秒から1分という短いテーマを取り上げています。そのため、実際の撮影時間も短く、映像表現を授業で取り上げるスタートとして、とてもやりやすい内容です。ここで重要なのは、いきなり撮影するのではなく、撮影の前に、観せる対象、話す内容、録画時間、横画面での撮影という4つのポイントです。この確認の有無は、制作した作品の完成度に大きく影響します。つまり、無造作に撮影するか、伝える意識を持って撮影するかという違いです。さらに、ここでは、映像表現の作品づくりの制作過程の中で、被写体の捉え方のような撮影のポイントや、カメラを固定する三脚やピンマイクなどのツールを紹介しています。本章は、このような小技のようなテクニックの積み重ねが素晴らしい作品につながるということを実感できる内容になっています。

　鎌倉市立深沢中学校での実践事例を通して、構成→撮影→編集という流れをイメージし、みなさんの学校であれば、どの場面で映像表現を取り入れることができるかをぜひ考えてみてください。そして、本章のテクニックを1つひとつ試しながら、映像表現に取り組んでいきましょう。

2コマの授業①
──映像表現の特性を知る
ワークショップ形式の授業

　本章では、総合的な学習（探究）の時間を活用したワークショップ形式の授業で、映像表現の特性を理解する方法をひもといていきます。

第3章からは、学校で実践する映像制作の発展ステップになります。まずは、総合的な学習（探究）の時間を活用して、1回2コマで、楽しみながら簡単な映像制作に取り組むことができるワークショップ形式の授業で、映像表現の特性を理解する方法をひもといていきます。一方的な講義形式の授業ではなく、アクティブラーニングで学べるよう設計しているため、ワークショップ形式の授業としています。第1章で紹介した、中長期的なPBLとしてのドキュメンタリー制作に向けた3ステップのうちの発展ステップでもあり、1回完結の授業としても取り組むことができます。

3-1　この授業のポイント

自分の伝えたいことを表現する、といっても、その方法は多種多様です。中でも映像表現は、文字や言葉を使った言語表現と動画や静止画（写真、イラスト、図表など）、サウンド（音楽、効果音）などの非言語表現の掛け合わせでできています。さらに、非言語表現には表情や身振り手振り（ジェスチャー）なども含まれ、その表現方法は多岐にわたり、技巧を凝らすものともいえます。それゆえ、映像制作を通して表現したいことを的確に伝えるためには、学ぶべきポイントがたくさんあります。ただ、このワークショップ形式の授業では、子どもたちが非言語表現の本質的な部分を理解できるよう、動画、静止画、サウンドのみを抽出して扱うこととします。

ここで取り上げるのは、設定したテーマをあえて「非言語表現のみを使った映像にしてみる」という実践です。設定したテーマを題材にして、グループごとに、動画や静止画、サウンドといった非言語表現を組み合わせて、30秒〜1分程度の映像作品を制作します。

90年代前半から、テレビ番組に細かくテロップが入るようになりました。その延長線上にあるYouTubeなどのSNS動画コンテンツは、テロップが入るのがもはや当たり前となっています。そんな日常的に視聴するSNS動画コンテンツやテレビで見慣れているせいか、学校の授業で動画を扱うと、子どもたちは、言語表現を強調してたくさんの情報を伝えようとしがちです。

ここでは、「言語表現に頼らずに伝えたいことが伝わる映像をつくる」という目標設定をすることで、撮影に工夫を凝らしたり、ストーリー（構成）から考える編集をしてみたりといったクリエイティブな学びを促進します。

まずは、言語表現と非言語表現の違いを体感することから始めていきましょう。2コマの授業で、情報を一方的に「伝える」だけのチカラを、情報を伝え、さらに人の感情を動かす「伝わる」チカラにアップグレードさせることができる授業プログラムになっています。さらに、グループでの映像制作には、自分の伝えたいことを相手に伝わる形で表現するチカラが不可欠なため、コミュニケーション能力も自然と磨かれるという効果も期待できます。

※1コマは、学習指導要領に定められている45分（小学校）を想定しています。

3-2　映像表現の特性を知るワークショップの概要

先に、映像表現の特性を知る授業の目的、目標、授業の流れを説明します。

▶ **授業の目的**
- 映像でメッセージを伝える活動を通して、その方法の特徴や良さについて理解し、自分たちが伝えたいことをより効果的に表現する手段を増やす。
- クリエイティブな協働作業を通じて、コミュニケーション能力を高める。

▶ **授業の目標**
- 映像表現は、言語表現と非言語表現の「掛け合わせ」でできていることを理解する。
- 言語表現と非言語表現の違いを理解する。
- 非言語表現は、主に動画、静止画、サウンドの3要素でできていることを理解する。
- 非言語表現を使いこなせるようになっている。

2コマ連続の枠を使っての実践を想定して、授業の流れを組み立てています。45分×2コマと休憩時間10分を足して、100分のプログラムです。

📽 授業の流れ

1. オリエンテーション（15分）

　↓

2. 「撮影前の構成」をグループで協議（10分）

　↓

3. 撮影・素材集め（30分）

　↓

4. 「編集前の構成」をグループで協議（10分）

　↓

5. 編集（25分）

　↓

6. 発表、振り返り（10分）

休憩は、授業の進み具合に応じて適宜取ってください。また、1コマずつ別日に実施する方法もあります。その場合、1コマ目は撮影・素材集めまでとし、時間内に終わらない場合は課外としてください。2コマ目は、編集から開始します。

ここでは、中学1年生の国語と探究学習を掛け合わせた実践として、「時候の挨拶」を非言語だけで表現するというテーマの2コマの授業を取り上げます。順を追って解説していきます。

3-3　1. オリエンテーション（15分）

まずは、導入として、知識をインプットする時間を取ります。

やること

インプット 1	言語表現（文字）と非言語表現（動画）の違いを知る
インプット 2	非言語表現を使った表現方法の理解を深める

私たちは、メッセージを伝えるとき、

① 言葉を使った言語表現
② 言葉を使わない非言語表現

を片方だけ、あるいは両方組み合わせて使います。その違いは何でしょうか？

日常生活では、言葉や文字など言語表現を使ってメッセージを伝えることが多いです。いきなり、言語表現を使わずに相手にメッセージを伝えてください、といわれたら面食らうでしょう。まず思い浮かぶのは、表情や身振り手振りでしょうか。ふだん言語表現を当たり前に使っている私たちにとって、非言語表現だけを使って、伝えたいメッセージを相手に伝えるのは簡単ではありません。それゆえ、非言語表現でより伝わりやすくメッセージを伝えるためには練習が必要です。

そこで、本題に入る前に、子どもたちに言語表現と非言語表現の違いを体感してもらう、インプットの時間を設けます。

▶ （インプット1） 言語表現（文字）と非言語表現（動画）の違いを知る

　世界的に話題となった「ウミガメの鼻からストローが出てくる」映像を使って、言語表現と非言語表現で伝わるメッセージにどんな違いがあるのかを考えます。

　まずは、言語表現から。この事象について、文字を使って表現した文章を読んでもらいます。

言語表現（文字）

> # 言語表現
> （文字や言葉）
>
> ウミガメの鼻から出てきたのは、ストローでした。
> それは、私たちがどこかでポイッと捨てたストローかもしれません。
>
> **スターバックスは、プラスチック製のストローを廃止しました。**
> **マクドナルドも、2025年までに廃止することを決めています。**
>
> 今、世界中で使い捨てプラスチック製品の販売を中止する動きが出ています。

▲この事象について、文字を使って表現した文章

　次に、この事象を伝える、話題となった映像を観てもらいます。

非言語表現（動画）

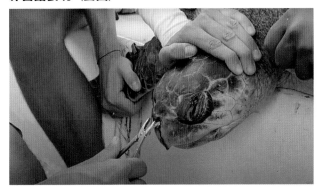

◀Sea Turtle with Straw up its Nostril - "NO" TO SINGLE-USE PLASTIC
©Christine Figgener

https://book.impress.co.jp/closed/eizo_edu/Chap3_mov01.html

　この後、言語表現（文字）と非言語表現（動画）の2つを観て、それぞれ「どう感じたか」を話し合うグループワークを実施します。表現の優劣を考えるものではなく、それぞれの特徴を挙げるような問いかけにしましょう。

言語表現は、事柄や意味といった情報をはっきりと伝え、相手を説得する力を持っています。それに対し、非言語表現は、言葉では表しきれないことを伝え、相手の心を動かす力を持っています。それぞれの表現が持つ力を子どもたちは理解できたか、質問や対話を通して確認しましょう。

　さらに、実施する学年が低学年であったり、より丁寧に理解を深めたりしたい場合は、以下のグループワークを取り入れるとよいでしょう。

発展ワーク 「あなたのおいしい」を非言語で表現する動画をつくろう！

　ルールは以下の4つ。完成尺30秒ぐらいの動画にする。

- 動画を1つと静止画を3つ使う※1
- 言語表現は使わない
- サウンドは使わない
- 静止画は保存してあるものやネットで探したものを使い、動画は撮影する

　このグループワークを取り入れることにより、この授業で扱う3つの非言語表現の1つ、「サウンド」への渇望感が生まれ、 インプット2 での気づきが大きくなります。

▶ インプット2 **非言語表現を使った表現方法の理解を深める**

　非言語表現である「動画」と「サウンド」を使った「雨」の映像表現を考えます。特に、サウンドによる変化や及ぼす効果がしっかり伝わるようにファシリテートしてください。

①雨が降っている動画

⇒動画により、
　今まさに雨が降っていることが
　わかる（現在進行形）

https://book.impress.co.jp/closed/
eizo_edu/Chap3_mov02.html

※1　動画だけで表現するのは難易度が高くなります。静止画を組み合わせてスライドショーにすることは取り組みやすいため、静止画を3つ程度使うことをおすすめします。

②雨あがり（水たまり、水滴、干してある傘）の動画

⇒動画だけで、
　雨が上がったことがわかる
　（完了形）

https://book.impress.co.jp/closed/
eizo_edu/Chap3_mov03.html

③ ②に効果音として鳥の声を入れる

⇒鳥のさえずりにより朝（時制）で
　あることがイメージされ、
　さらに「昨夜の雨が上がったなあ」
　というような詠嘆を感じる

https://book.impress.co.jp/closed/
eizo_edu/Chap3_mov04.html

④ ③に、さらに明るい雰囲気の音楽を入れる

⇒鳥のさえずりと明るい音楽により、
　次の日の朝、
　「昨夜はすごい雨だったなあ」
　というような深い詠嘆を感じる

https://book.impress.co.jp/closed/
eizo_edu/Chap3_mov05.html

　完了形の時制を感じさせる動画（②）に、効果音や音楽（③・④）を入れることで、動画だけの非言語表現にさらなる効果が加わり、より詠嘆を高められます。

　この4つの動画＋サウンドを観ていくことで、言語表現を使わずに、非言語表現だけで伝えたいことを印象的に伝えることができることを体感することが可能です。さらに、時間的な余裕があれば、以下のグループワークを取り入れることでさらに理解が深まります。

発展ワーク 「この冬は寒かったなあ」を非言語で表現する動画をつくろう！

ルールは以下の４つ。30秒ぐらいの動画にする。

- 動画１つと静止画を３つ以上使う
- 言語表現は使わない
- 歌詞のない音楽を入れる
- 静止画は保存してあるものやネットで探したものを使い、動画は撮影する

以上、2つのインプット（＋グループワーク）を通じて、言語表現・非言語表現の違いと非言語表現を使った表現方法の理解を深めることを目指します。

インプットで映像表現は言語表現と非言語表現が掛け合わさってできていることを理解できたら、その日の授業で扱うテーマを提示し、いよいよ授業のメインのワークに入っていきます。

▶ **学習課題（テーマ）**
次の「時候の挨拶」のリストから１つを選び、映像で表現しよう！
〜「移ろい・変化を描く」がポイント〜

時候の挨拶
A　ゆく秋の寂しさ身にしみるころ
B　秋気いよいよ深く
C　秋も一段と深まり
D　小春日和の今日この頃
E　朝夕ひときわ冷え込むころ
F　冷気日ごとに加わり

※テーマは、忘れがちなので、紙に書いて貼っておくとよい。

▶ **学習形態**
- クラスごとに、４人グループで活動する
- 編集作業は、2人1組で行う。グループで相談しながら、2つの作品をつくる（テーマは同一）
- シェアタイムで発表する作品は、グループで1つとする

▶ **この授業での映像制作の条件**※2

完成形態

- 30秒を目安に、使用するタブレット内の編集アプリで作成したもの
- 静止画は3枚以上、動画2カット以上を使用し、合計5〜10カットの作品とする
- 動画は、横画面で、1カット10秒を目安に自分たちで撮影する（静止画を動かしただけのものは動画としない）
- 静止画は、フリー画像か事前に先生が用意した素材集を利用してもよいが、GIFアニメーションは禁止とする

撮影

- 動画・静止画の撮影は学校の敷地内とし、横画面で撮影する

音楽

- 歌詞の付いていないものとする
- 事前に用意したものかネットからダウンロードしたフリー音源、もしくは編集アプリ内のものから1曲を選ぶ

言語表現

- 具体的な言葉や文字は使わない、人がセリフで説明するカットも使用しない
- 映像の最後にグループで選んだ「時候の挨拶」をテロップで入れる

3-4  2.「撮影前の構成」をグループで協議 (10分)

　グループに分かれて、テーマ決めから始めます。テーマは4人グループで1つ。決めたテーマ（この実践では時候の挨拶）をひもといて、素材集めをします。非言語表現を使って、どうやったら提示したテーマに沿った伝わる映像をつくることができるか、グループで話し合ってテーマを決めてもらいます。

　テーマが決まったら、「撮影前の構成」をグループで協議します。その時候の挨拶で何を伝えたいのか、何が伝わるのか、まずは言葉や文字（言語表現）を使って時候の挨拶から連想されるイメージを話し合います。どのような方法を使ったら言語表現を「非」言語表現へと変換できるのか、時候の挨拶に含まれる「移ろい・変化」をどのように表現すれば効果的か、そのためにはどんな素材（動画・静止画・サウンド）が必要か、撮影前に制作する映像の大きな流れを決めていきます。グループワークであることにも意味があるので、「紙にイラストを描いて一緒に考える」「付箋を活用する」など工夫する様子が見られたら、ポジティブな声がけをするよう意識して、協働作業を促してください。なお、このワーク中はネット環境がないほうがよいでしょう。

※2　条件を設ける理由は後述します。

子どもたちはテーマが提示されると、反射的に検索をしてしまいます。課題のヒントとなるようなそれらしいYouTube動画を観てしまうと、自分たちの頭で思考する力が著しく低下してしまいます。

　テーマは、移ろいや変化を読み解くことができるような言葉が入ったものを選んでください。たとえば、

　　「夏真っ盛り」ではなく、「夏めく」
　　　⇒暑くなってきたが、まだ夏ではない

　　「春らんまん」ではなく、「春の足音が聞こえる」
　　　⇒日差しに暖かさを感じるが、まだ春ではない

　　「紅葉の秋」ではなく、「ゆく秋」
　　　⇒秋ではあるが、だいぶ寒くなって冬が近い

など。まずは、時制や詠嘆を読み取らせることが重要なので、テーマ選びは意図的に行ってください。以下に、これまでの実践で使ったテーマを例示しておきます。

テーマ例

　　冬 ➡ 春
　　A　寒さの中にも春の足音が聞こえてきます
　　B　立春を過ぎましたが、まだ寒い日が続きます
　　C　2月も半ばを過ぎ、春の足音が間近に感じられるこの頃
　　D　梅の開花便りが聞こえはじめ、春が待ち遠しいころとなりました

（北鎌倉女子学園中学校で実施）

　　春 ➡ 初夏
　　A　吹く風も夏めいて、しっとりとした空気に緑の香りが漂う初夏の候
　　B　木々の緑の深みも増し、夏めいてまいりました
　　C　走り梅雨のぐずついた天候から、梅雨入りがすぐそこまできているのを感じます
　　D　若葉の目にしみる候
　　E　早いもので今年も折り返し地点のころとなりました

（ドルトン東京学園中等部・高等部で実施）

夏 ➡ 秋

A　夏が終わり、秋の涼しさを感じる季節となりました

B　少しずつ日暮れの時間が早くなり、秋の気配を感じます

C　空の色もいつしか秋めいてまいりました

D　一雨ごとに秋の深まりゆく昨今、いかがお過ごしでしょうか

E　秋の夜長の時季となりました

（探究学舎で実施）

秋 ➡ 冬

A　落ち葉散りゆく今日この頃、冬支度に忙しくされていることと存じます

B　秋冷の候、さくさくと落ち葉を踏むたびに一歩ずつ冬に近づく毎日です

C　吹く風や毎朝の水の冷たさが身にしみるこの頃、お変わりはございませんか

D　冬が駆け足で近づいてくるこの頃、めっきり日脚も短くなって参りました

E　朝夕の冷たい風が身に染みる季節。本格的な冬は、すぐそこまで来ています

（鎌倉市立大船中学校で実施）

3-5 3. 撮影・素材集め（30分）

　おおよそどのような映像をつくるのかまとまったら、次は、撮影と素材集めに入っていきます。ここは、前述の「この授業での映像制作の条件」を参考に、ルールを決めて取り組むようにしてください。やみくもに集めようとすると、時間が足りなくなったり、後の編集で迷いが出たりします。ルールがあることで、制限の中で工夫して課題解決の方法を考えることになり、思考力や判断力、表現力が鍛えられます。

▲木の葉が舞う仕掛けを工夫している様子

▲紅葉の木々を撮影している様子

▲影を映し込む工夫をしている様子

　非言語表現といっても、静止画だけをつなげて音楽を入れただけでは、単なるスライドショーになってしまいます。ふだん撮り慣れているからか、子どもたちは、「ここ、いいな！」と思っ

たら、反射的にシャッターを押してしまい、直感的なスナップショットばかりになりがちです。10秒を目安に撮影した動画の中からここぞという使いどころを吟味して、抜き出す手間を子どもたちは面倒がる傾向にありますが、その取捨選択の手間こそが、非言語表現を使いこなして、伝える力や人を動かす力をレベルアップさせるために不可欠です。そのため、お手軽な静止画より動画を優先して撮影し、編集でも動画を優先して使うことをおすすめします。

ただ、そんな心配をよそに、なぜそれをする必要があるのか丁寧に説明をすれば、子どもたちは、枯れ葉を降らしてみたり、落ち葉越しに日の光を撮ってみたり、いろいろと工夫をして動画を撮影するものです。これまで授業を何度か実践してみて、軽やかにそういうことをやってのけることを実感しています。内容についてはあまり指示や口出しをしすぎず、遠くから見守るくらいのスタンスで、子どもたちの様子をよく観察しておくようにしましょう。

Tips Film Educator直伝！カッコイイ構図をつくるワザ

ここで、カッコイイ構図（意図を持って視界を切り取ること）をつくるワザを2つご紹介します。いずれも日常の視点とは違って、見慣れない、おもしろい、美しい画面をつくり出すことがポイントになります。

ワザ1 ローポジション

たとえば、地面すれすれの場所のように、立っている位置のふだんの目線よりも極端に低いところにカメラを置く。

効 果 日常の視界とは違った迫力が出る。

▲ローポジションで撮影している様子

立っている位置の目線

ローポジション

ワザ2 **ナメる**

ナメるとは、映像用語で、カメラの前に、モノや建物、人物の一部を入れ込んだ構図のつくり方をいいます。奥にある主体となる対象物にピントを合わせて、手前に入れ込んだところはボケます。

効 果 奥行きが出るようになり、意図を持って視界を切り取っていることが強調される。

・ 景色の場合

・ 人物の場合

◀人物の位置関係

授業を2コマ続きにしない場合、ここで1コマ目の授業を終了します。素材の集め方をレクチャーしてから、時間が許す限り素材集めをします。時間内に集めきれなかった分は、課外にするとよいでしょう。

3-6 ⏰ 4.「編集前の構成」をグループで協議 (10分)

素材集めが終わったら、編集作業に入っていきます。4人グループで1つの動画の編集作業をすると、どうしても手持ち無沙汰になる子どもが出てくるので、作業効率を考慮して2人1組で行います。2人1組で1つの作品を編集しますが、グループで意見を言い合いながら協力して作業をしていきます。ただし、編集作業は、できる子とできない子で差が出るので、うまく組み合わせることをおすすめします。1グループで2つの映像を作成することになりますが、最後のシェアタイムで発表するのはど

▲ 編集前の構成をしている様子

ちらか1つ。最終的に、どちらを発表するのかも、グループで話し合って決めてもらいます。

子どもたちは、どんな編集アプリでも直感的に使えるようになるものです。しかし、編集アプリを使いこなすことが目的ではありません。使い方の説明は最小限で十分だということを理解し、手段と目的をはき違えないように気をつけましょう。

編集アプリを使った編集の実作業の前に、「編集前の構成」をグループで協議します。集めた素材（動画・静止画・音楽）をグループでシェアし、使う素材を選んでいきます。たとえば今回の「時候の挨拶」というテーマだと、「移ろい・変化を描く」というポイントがあるので、そのポイントを意識して、季節の移ろいや変化のストーリー（流れ）をどう描くかを考えて、素材を吟味し、カットを並べる順序を考えます。

3-7 ⏰ 5. 編集 (25分)

いよいよ、編集アプリを使って編集の実作業に入っていきます。第2章でも説明しましたが、編集の基本の流れは「カット編集→効果を付けて加工する」です。このことを、再度確認してください。

まずはカット編集から。先ほど考えた「構成」に沿ってカットを並べて、つなぎます。たとえば、「ゆく秋の寂しさ身にしみるころ」だと、紅葉に染まった木々を映したカット（動画もしく

は静止画）から葉が散ってしまった木々を映したカットにつなぐ。そうすると、季節が秋から冬に移ろっていることをイメージさせることができます。「移ろい・変化を描く」ためには、全体を俯瞰して、ストーリー（構成）を考えることにも気を配る必要があります。

次に、いくつかのカットがつながってから、効果（トランジション、サウンド）を付けて加工します。つなぎ目にトランジションを入れる工夫をすると効果的です。たとえば、上記のつなぎ目にトランジションから「ディゾルブ」を選んで入れ、いくつかの他のつなぎ目は、トランジションは「なし」にすることで、この1箇所が引き立つようになります。

◀ 秋から冬に移ろっていくことをイメージさせる例：解説動画
https://book.impress.co.jp/closed/eizo_edu/
Chap3_mov06.html

ただし、トランジションについては多用しないことをしっかり伝えてください。フェードイン、フェードアウト、ディゾルブの3種類ぐらいで十分です。PowerPointの「アニメーション」を初めて使ったときのことを思い出していただくとわかりやすいかもしれません。最初は、あれこれいろんなアニメーションを入れがちですが、慣れてくると、使ったとしても上記の3種類ぐらいになりますよね。

編集作業をするペアで、プレビューして修正し、最後のテロップを入れて完成、書き出します。最後のテロップはつくり手が3回読める程度の表示時間を取るとよいです。

▲ 編集作業をする様子

編集作業では、子どもたちが内容を思考することに注力できるかどうかが鍵になります。グループ協議や素材集めのときに、子どもたちの言動ややり取り、行動や工夫をよく観察しておき、適切な質問や声がけでファシリテートをすることが学びを深めるためにも重要です。

3-8 6. 発表・振り返り (10分)

編集作業が終わったら、いよいよ発表、振り返りの時間です。編集作業は没頭するとキリがなくなるので、時間を決めて、時間が来たら作業途中であっても完了とし、グループごとに1作品ずつ発表します。発表前の会場設営については、第6章の「会場の設営をし、発表（上映）のリハーサルをする」p.157を参照してください。

映像表現の授業は、映像を完成させることが目的ではありません。作成途中であっても、制限時間内に自分たちで工夫し、つくり上げた映像を発表し、振り返りの時間を持つことで、学びが深まります。また、お互いの映像についての感想を共有することで、新たな気づきが生まれることもあります。以下の3つのポイントを参考に、この授業の目的と目標を達成しているか、振り返りを通して確認しましょう。

▲ 発表の様子

 振り返りで確認するポイント

- 言語表現と非言語表現の違いを理解している
- 非言語表現は、主に動画、静止画、サウンドの3要素でできていることを理解している
- 映像表現は、言語表現と非言語表現の掛け合わせでできていることを理解している

振り返りの時間は、「主体的・対話的で深い学び」の実践にもなります。映像が完成することがゴールではありません。発表と振り返りの時間をきちんと確保できるよう、時間配分には気を配ってください。

山﨑達璽の実践事例

● 鎌倉市立玉縄中学校（1年）
　課題解決型学習の成果の発表手段として「映像」を活用できるよう、総合的な学習の時間を使って実施。事前に国語の授業で、時候の挨拶についてインプットをしてもらいました。

▲ 作品A
https://book.impress.co.jp/closed/
eizo_edu/Chap3_mov07.html

講評 静止画が連続した後に木の葉が舞うカットを入れたことで、動画としての表現が印象的になっている。

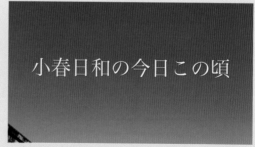
▲ 作品B
https://book.impress.co.jp/closed/
eizo_edu/Chap3_mov08.html

講評 太陽を映し込んだ逆光のカットが美しく、「小春日和」が表す初冬の穏やかな気候が伝わってくる。

●鎌倉市立大船中学校（2年）
　上記と同内容で、特別活動の時間を使って実施。「5カット以上の動画のみを撮影して使う」という条件にしました。

▲作品A
https://book.impress.co.jp/closed/
eizo_edu/Chap3_mov09.html

▲作品B
https://book.impress.co.jp/closed/
eizo_edu/Chap3_mov10.html

講評 「さくさく」と落ち葉を踏む描写が印象的な上、すっかり葉が散った木が最後に映し出される構成も秀逸。

講評 水を出す描写に効果音を入れたり、グランドを走る生徒の服装を変化させるなど、独特の工夫があっておもしろい。

●ドルトン東京学園中等部・高等部（中高の縦割りの選択授業）
　映像表現の発想や構成力、撮影・編集のスキルアップを目指して、「ドラマ仕立てのCM」制作をゴールとする授業プログラム。その最初のステップとして、「外国人に観せるなら」という条件を付けて実施。

▲作品A
https://book.impress.co.jp/closed/
eizo_edu/Chap3_mov11.html

▲作品B
https://book.impress.co.jp/closed/
eizo_edu/Chap3_mov12.html

講評 暑がっているというジェスチャーを入れることにより、テーマがより強く伝わる。

講評 髪の毛が湿気を帯びている描写で「しっとりとした空気」を表現しようとしたことがよい。

●教員研修

「夏の盛り」「夏の終わり」を表す動画の撮影、それぞれを感じる効果音の準備を事前課題にして、研修当日にテーマ設定〜素材をシェアしてから編集しました。

▲作品A
https://book.impress.co.jp/closed/
eizo_edu/Chap3_mov13.html

▲作品B
https://book.impress.co.jp/closed/
eizo_edu/Chap3_mov14.html

講評 動画だけでなく、効果音にも気を配った表現でテーマがよく伝わってくる。

講評 最後、30秒にわたるバックショットが秀逸。まさに「夏の終わりを惜しむ」情感を、言語を使わずに表現していて味わいがある。

平井聡一郎の総括

第3章は、映像表現を学校教育に導入する際の初期に、その技能や知識を包括的に身につける、いわば基礎・基本の習得の場であり、おそらく総合的な探求・学習の時間で履修される内容と考えています。ここで、身につけたテクニックを、教科や総合的な探求・学習の時間での映像表現に活かせるように構成されています。

活用してほしいポイントは、映像表現の構成、テクニック、編集という3つに分かれます。特に授業に落とし込むうえで重要なのが構成です。ここが最も学びにつながる部分となります。つまり、作品の構成を考えるという活動は、表現の意図、目的を映像に結びつける活動そのものといえるからです。編集は、その考えた構成を具体化するものであり、テクニックは、自分の意図を強化して伝えるための手法といえるでしょう。「映像のプロの技」は、映像表現の面白さを実感させてくれます。

さて、そうはいっても、いきなりワークショップの内容をすべて実践することは難しいかもしれません。ですから、それぞれの学校種、ICTリテラシーのレベルに合わせて、カスタマイズして、「まずはこれとこれをやってみよう」という感じで、少しずつステップアップしてはどうでしょうか。たとえば、構成とテクニックを用いた撮影はやっても、編集は次の段階からやってみるという感じです。また、まずは先生方が、このワークショップで校内研修をやったり、教材づくりで試してみたりすることで、映像表現に慣れることも大切です。

2コマの授業②
──ショートドラマをつくる
ワークショップ形式の授業

　本章では、総合的な学習（探究）の時間を活用したワークショップ形式の授業
で、映画的な映像表現を学ぶ授業の実践事例を紹介します。

第4章でも、第3章と同じく総合的な学習（探究）の時間を活用して、1回2コマで取り組むワークショップ形式の授業を取り上げます。1〜2分程度のショートドラマ制作で、いわゆる映画的な映像表現を学ぶ授業の実践事例です。これは、第3章の変化球ともいえる、ちょっとした応用編となります。

4-1 映画的な映像表現とは

第3章では、特に**言語表現と非言語表現**にスポットを当てましたが、第4章では、**映画的な映像表現**にスポットを当てたワークショップ形式の授業を取り上げます。

もちろん、言語表現や非言語表現についても学びますが、「映画的な映像表現」は手段としての色が強いため、テーマ性のあるPBLのアウトプットの手段として活用いただけるでしょう。ただし、劇発表などのように子どもたちが盛り上がる手段になりうるものの、それを映像で表現するとなると少し専門性が高いともいえます。

これまで、映像制作を授業に取り入れるに当たって、映画（フィクション）は、あまりおすすめしてきませんでした（ここでの映画の定義は、DVDで観るような劇映画だけでなく、テレビ放送やネット配信されるようなドラマ、ショートムービーを含む）。理由は簡単で、「映画をつくるのは難しいから」というのが筆者の率直な考えです。さらに、「映画」制作には、専門性の高い理論と技術、そしてセンスが必要であり、加えて学校で映画をつくるとなると、子ども同士が出演し合うため、客観的な視点が抜けがちで内輪ウケにとどまる可能性が高くなります。学芸会や文化祭であれば価値はあるかもしれませんが、授業での取り組みとなると、いまひとつ学びに広がりが生まれないとも感じていました。

そんな折、横浜市立緑園西小学校6年生担任（当時）の平眞由美先生から、「総合的な学習の時間に学んでいるSDGsについて、学習成果の発表をドラマ仕立ての映像で行いたい」という相談がありました。実現は難しいだろうと思ったものの、よく話を聞いてみると、「寸劇（ショートドラマ）」を映像表現したいというニーズがあることに気づきました。そこで、平先生と一緒に考えた授業実践がベースとなって生まれたのが、本章で紹介する「ショートドラマをつくるワークショップ形式の授業」です。子どもたちでも実践しやすく、学んだ成果を「寸劇（ショートドラマ）」の形で映像表現できるように授業設計しました。

具体的には、子どもたちが書いたシナリオをベースに、カット割り・演技・撮影・編集に挑戦してもらい、映画的な映像表現を体感しながら学ぶという内容です。もちろん、子どもたちに演技をしてもらいますが、ここでは演技は重視せず、**映像で表現すること**に焦点を当てています。また、舞台で演じる劇発表とは区別してください。**映像で視聴者に伝えたいこと＝学んだ成果と**

して伝えたいことと捉えていただければ、ご理解いただけるでしょう。なお、映画的な映像表現といっても、タブレットかスマホがあれば完結でき、特別な機材は必要ありません。

　では、映画的な映像表現とは、どんなものでしょうか？　簡単にいうと**台詞で説明しない表現**、つまり**映像で語る**表現です。

　子どもたちに「ドラマ」をつくるというと、シナリオを書いて、その通りに人が演技をしているところを撮影すると捉えます。学校教育の一環として、劇発表を経験したことがある子どもがほとんどなので、劇のシナリオ（台本）とその実際の舞台を想像しがちです。一般的に演劇は、舞台が平面なので、物理的には視点の変化がなく、状況を台詞で説明することが多いです。たとえば、雨降りを描写しようとすると、舞台では「雨が降ってきた」と台詞で説明することが多いですが、映像表現では、衣服が湿ったり地面がぬれたりするといった非言語表現を使って描写することができます。

　また、映画的な映像表現では、「カット割り」によって、瞬時に視点を変化させることができます。カメラの位置を変えて、カットごとに撮影することで、そのカットの映像は登場人物の主観「的」※1な視点にもなりますし、情景全体を捉えた客観の視点にもなります。視点を変化させるということは、そこに視聴者に対して伝えたい何らかの意図があり、それを非言語の映像で表現することができます。そして、それらのカットが編集でつなげられ1つのシーンになるので、連続した映像として瞬時に視点が変化していくように見えます。これらが、映画的な映像表現ということになります。

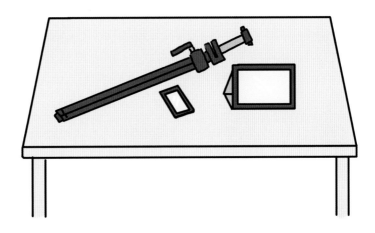

※1　主観「的」としているのは、劇映画やドラマなどのフィクションは、常に客観で語られるものであり、よほどのねらいがある場合を除いては登場人物の主観そのものにはならないため。

4-2 ワークショップ形式授業の実践例
── 横浜市立緑園西小学校（6年）

ここでは、現場での実践をよりリアリティを持って感じていただけるよう、実際に授業を行った平眞由美先生に実践内容についてインタビューし、まとめました。加えて、4-3節では学校現場でショートドラマを制作する際のポイントをFilm Educator目線で解説します。

| 授業紹介 | SDGsを伝える総合学習の発表を
ドラマ仕立ての映像で行う授業実践 |

実践者　平 眞由美／横浜市立緑園西小学校（実践時）

SDGsの学習と話し合い

　総合的な学習の時間、それは話し合いからスタートしました。「学級で何を題材として扱うか」「目的は何か」についての話し合いをした結果、SDGsを題材に取り組むことが決まりました。そして、子どもたちには、自分たちが調べたことを発信して、1人でも多くの人にSDGsについて知り、行動してほしいという願いがありました。その発信の手段として、子どもたちが選んだのが映像制作。ストーリー性のある映像を通して、観る人の気持ちを動かしていきたい、そんな思いが子どもたちにはありました。

　映像制作についての取り組みは、SDGsそのものについて学び直すことから始めました。SDGsについては前年度も取り組んでおり、特に環境問題は、子どもたちにとって身近で、学校教育の中でも多く取り上げられるテーマでした。しかし、そのほかの課題についてはよく知らないというのが実情でした。そこで、1つひとつの目標について理解を深めるために、ワークシートを用いてすべての目標とその背景にある課題について学習をしました。全体を知ったうえで、自分たちが何を伝えたいのか考えるのがねらいでした。

　SDGsについて学習したあとの話し合いでは、「なじみのある環境問題、そして平等についての問題について伝えたい」と意見がまとまりました。そのうえで、7つのグループに分かれてオムニバス形式のショートドラマを制作することとなりました。

　環境問題の中から「陸」「海」「ごみ」の3つ、平等について「ジェンダー平等」「医療従事者への差別」「人種差別」の3つ、合計6つのテーマを決め、テーマごとのグループに分かれました。さらに、それぞればらばらの映像作品ではなく、1つのストーリーとしてつなが

りのあるものにしたいと子どもたちは考えており、そのために、ストーリーをつなぐ部分をつくる「主人公」グループも作りました。

　中でも、「医療従事者への差別」について子どもたちが課題意識を持ったのは、新型コロナウイルスが広がり始め、テレビでも問題として取り上げられたことが影響していました。

ワークショップ形式の授業の実施

　しかしながら、子どもたちの高まる思いを前に、私は悩んでいました。どう学習を進めていくか、映像を制作するときのポイントがわからない……。手始めに、動画制作についての書籍を探してみましたが、専門的なものばかりでした。そんな中、山﨑達璽さんの電子書籍[2]に出会い、これこそ、私が求めていたものだと確信しました。そこで、山﨑さんに連絡・相談し、授業に協力いただけることになりました。実際の映像制作に向けて、外部講師として山﨑さんを招き、映像制作の授業を実施したのです。授業は、文字と映像から受け取る情報の違いなど思いもよらない視点からのレクチャーに始まり、「カット割り」を中心に子どもたちが取り組みやすいワークショップの形式で進めてもらいました[3]。

　子どもたちは、まず、言語表現と非言語表現の違い、それぞれの特徴について学び、次に、「短いシナリオをワンカットで撮るもの」と「カット割りして撮るもの」の2パターンを撮影して比較しました。そして、学んだ「カット割り」の方法を活かして、自分たちで寸劇を撮影することで、撮影の仕方を、体験を通して学んでいきました。以下は授業後、子どもたちが書いた感想の抜粋です。

> 「人に伝わるように撮り方まで工夫することでより印象的になるということがわかった。」
> 「映像の中に動きの仕掛けを入れると自然と動いたものに目がいった。また、カメラを出演していた人の目線に合わせると表情から出演者の気持ちがわかりやすかった。ほかにもアップとロング、カットのつなぎ、フレームのサイズについてなどたくさん学ぶことがあった。これからの活動に今日学んだことを活かしていきたい。」

※2　山﨑達璽『探究活動ではじめる動画・映像制作 〜映画監督がひもとく 1人1台タブレット時代の新しい学び〜』Kindle（2021/3/10）

※3　このワークショップ形式の授業内容については、第4章の「4-3　Film Educator目線でのポイント解説」p.100で解説。

シナリオの作成と撮影

　最初の授業のあと、子どもたちはグループごとにシナリオを作成し、撮影に取り組みました。シナリオができた際には、文章で表現されているものをどう映像にするか、子どもたちが気づいていなかった部分について、山﨑さんからアドバイスをもらいました。たとえば、子どもたちのシナリオに「シロクマの問題が頭から離れず、考え事をしながら登校する」という一文がありましたが、文章にすれば、たった一文のそのシーンを、映像として観ている人に伝えるために「どのような描写にするのか」「何を撮るのか」など、言葉を映像にする際に考えるべきことがたくさんあることを学びました。最初に実施したワークショップ形式の授業で経験していたことをもとに、子どもたちは課題の映像化に取り組みました。

▲ 子どもたちが作成したシナリオ

　撮影は、タブレットを用いて行いました。撮影場所は、学区にある公園、校庭など身近な場所を活用し、子どもたちは、グループごとにカメラマンや演じるメンバーを分担して撮影を進めていきました。「うまく音声が録れない」「どう撮影するかグループの中で意見がまとまらない」などの問題も起こったものの、どのグループも映像作品の完成に向けて意欲的に取り組んでいました。グループの間で、シナリオの内容について調整したり、グループの垣根を越えて撮影に協力し合ったり、協働的に取り組む姿が見られました。

　映像制作が進んだ段階でも、途中段階の作品についてたくさんのアドバイスをもらいました。カット割りやフレームサイズといった技術面だけでなく、子どもたちが何を伝えようとしているのか、グループごとに聞きとったうえで、付け加えたほうがよい表現、伝わりにくい場面などを指導してもらいました。「BGMはどのような場面に入れたらよいのか」「字幕などの文字情報は入れないほうがよいか」といった子どもたちからの編集の質問への回答のほか、子どもたちが使用しているタブレットの編集アプリ（iMovie）でできる内容を踏まえ

て、学校現場でできる具体的なアイデアを示してくれました。

- BGMについてのアドバイス

  入れすぎないほうがよい。入れるとしたら、場面の雰囲気がどう変わるか考えるとよい。また、入れない場面があることで、入れた場面の雰囲気がより伝わりやすくなることもある。
- 字幕についてのアドバイス

  文字情報をたくさん入れると、パワポの発表のようになってしまう。観る人はつい字幕を目で追ってしまうので、できるだけないほうがよい。そのほうが映像を観てもらえる。
- 人物のサイズについて

  表情や感情がもっと伝わるように思い切ったアップを活かすとよい。

　思い返すと、初めての映像制作は壁に突き当たることの連続でした。子どもたちは最終学年の6年生。卒業までに完成するか不安になることもありましたが、それらを乗り越えて、子どもたちが作品を形にすることができたのは、要所要所でアドバイスをいただいたおかげです。

▲ 完成した映像の場面

　いかがでしたか。平先生からの相談がきっかけとなり、このワークショップ形式の授業が生まれました。教育現場にクリエイティブな学びが必要だと感じている先生はたくさんいるはずです。しかし、新しいことを始めるにはたくさんのハードルがあり、常に多忙な現状では、実際にどこから手をつけたらよいのか途方に暮れているという先生方が多いのではないでしょうか。この実践のように、外部の専門家の知見を活用することで、クリエイティブな学びをぜひ学校現場で実践してください。

4-3 Film Educator目線でのポイント解説

それでは、前述の授業実践をベースに設計した「ショートドラマをつくるワークショップ」形式の授業について、Film Educator目線で、授業の概要とポイントを解説していきます。なお、このワークショップ形式の授業は、映像のプロが外部講師として伴走することを推奨する実践であることをご理解ください。

▶️ ショートドラマをつくるワークショップ形式の授業概要

まずは授業の目的、授業の目標、授業の流れを順に説明します。

> ▶ **授業の目的**
> 映画制作の基本であるシナリオの「カット割り」、カットごとの撮影、それをつないで1つのシーン（場面）にする編集の技術を体系立てて説明し、プロならではの実践を交えてファシリテートすることで、子どもたちの創造性を刺激し、伝わるチカラを向上させる。
>
> ▶ **授業の目標**
> 実践を通じて以下を理解し、カット割りができるようになる。
> * 複数のカットから1つのシーンができていること
> * カメラの位置が変わることで、視点が変化すること
> * フレームサイズ（ロング・ミドル・アップ※4）が変わることで、印象に強弱がつくこと

🎬 授業の流れ

```
┌─────────────────────────────────────┐
│ 1. オリエンテーション                │
└─────────────────────────────────────┘
              ↓
┌─────────────────────────────────────┐
│ 2. インプット　実演を見てカット割りの │
│ やり方と撮影の方法を理解する          │
│ ① 1シーン1カットで撮影                │
│ ② カットを割って撮影 → 編集して1シーンにする │
│ ③ 2つの映像の比較                     │
│ ④ 解説                                │
└─────────────────────────────────────┘
              ↓
┌─────────────────────────────────────┐
│ 3. アウトプット　子どもたち自身による │
│ 撮影・編集                            │
└─────────────────────────────────────┘
              ↓
┌─────────────────────────────────────┐
│ 4. 発表・振り返り                     │
└─────────────────────────────────────┘
```

※4　小学4年・国語（光村図書）で「アップとルーズで伝える」という単元がありますが、映像用語では、被写体が大きく映っている状態を「アップ」、被写体が小さく映っている状態を「ロング（英語圏ではWide）」というのが一般的です。そのため、本書ではそれぞれ「アップ」「ロング」と表記します。

▶ ポイント1 実演を見て「カット割り」を理解する

映画制作の基本であるシナリオの「カット割り」は、言葉で説明してもなかなか理解できないものです。しかし、プロによる撮影や編集の実践を見せると体感的に容易に理解できます。

まず、カット割りしていないシナリオを子どもたちに配布し、キャストの2人に、監督が演技指導をします。ここで演技を引き出している様子を子どもたちに見てもらいます。

次に、全景が見える位置から（ロング）、シナリオ通りに途中で止めることなく、1シーン1カットで撮影をしてみます。

※監督：筆者、カメラマン：先生、キャスト：児童2名。

▲ ロングで撮影

続いて、カットを割ったシナリオを配布し、最初に配ったシナリオとの違いを考える時間を取ります。カットを割った線を見て、子どもたちは「次々に映像が切り替わっている」「フレームサイズも切り替えている」ことにすぐに気づきます。

このカットを割ったシナリオをもとに、1シーンを6カットに分けて、カットごとに撮影し、編集してみます。

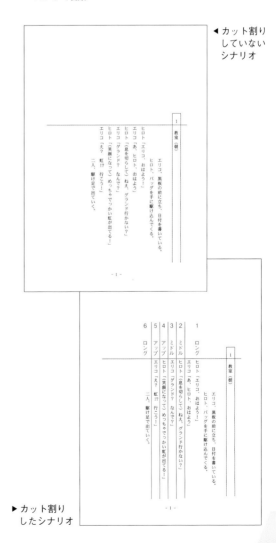

◀ カット割りしていないシナリオ

```
教室（朝）
1
ヒロト、黒板の前に立ち、日付を書いている。
エリコ、バッグを手に駆け込んでくる。
エリコ「あ、ヒロト、おはよう」
ヒロト「息を切らして、ねえ、グランド行かない?」
エリコ「グランド? なんで?」
ヒロト「笑顔になって」めっちゃでっかい虹が出てる!」
エリコ「えっ? 虹? 行こう!」
二人、駆け足で出ていく。
- 1 -
```

▶ カット割りしたシナリオ

6	5	4	3	2	1	教室（朝）
ロング	アップ	ミドル	アップ	ミドル	ロング	1

```
ヒロト、黒板の前に立ち、日付を書いている。
エリコ、バッグを手に駆け込んでくる。
エリコ「あ、ヒロト、おはよう」
ヒロト「息を切らして、ねえ、グランド行かない?」
エリコ「グランド? なんで?」
ヒロト「笑顔になって」めっちゃでっかい虹が出てる!」
エリコ「えっ? 虹? 行こう!」
二人、駆け足で出ていく。
- 1 -
```

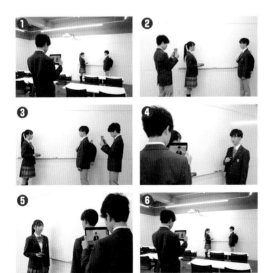

▲6カットそれぞれの配置

最後に、「1シーン1カットで撮ったもの」と「1シーン6カットで撮って、編集でつないだもの」の2つの映像を上映してから、それぞれを比較して、違いについて話し合う時間を取ります。以下のQRから読み込んで映像をご覧ください。

◀1シーン1カットで撮影した映像：
　解説動画

https://book.impress.co.jp/closed/
eizo_edu/Chap4_mov01.html

◀1シーン6カットに分けて撮影し、
　編集でつないだ映像：解説動画

https://book.impress.co.jp/closed/
eizo_edu/Chap4_mov02.html

　いかがでしょうか。カット割りについて説明を聞いた段階で、子どもたちは「カットを割ったほうがふだん目にするドラマっぽくなる」ということを頭の中でなんとなくイメージできていますが、実際の映像を観ることで、その理屈をより深く理解することができます。最後に、

- 複数のカットから1つのシーンができていること
- カメラの位置が変わることで視点が変化すること
- フレームサイズが変わることで印象に強弱がつくこと

を解説することで、知識を定着させます。

▶ ポイント2 映像のプロ目線での指導

　どんな映像をつくる場合にも、**伝えたいことが伝わる映像になっているか**が重要なポイントです。そして、伝わる映像にするために、知っておくとよい、プロならではの「技」がたくさんあります。ショートドラマをつくる実践では、撮影中、監督の視点でアドバイスをしています。

　子どもたちの行動をよく観察して、随時子どもたちに声をかけます。各グループの進行状況に応じて、演技の引き出し方やカメラの配置、編集のコツなどアドバイスをします。たとえば、

- 出演している人の目の高さにカメラの位置を変えると表情が伝わりやすいよ
- 強調したい場合はアップにするなど、カットごとにロング・ミドル・アップを使い分けるといいよ
- 人は自然と動いたものに目がいくので映像の中に動きの仕掛けを入れるといいよ
- 演技はカットごとではなく、1シーン通して練習をしてね
- 演技するときは表情が大切だよ

など、プロならではの知識やスキルを伝えます。こういった、ちょっとしたプロの技を知り、それを活かすことで、人の心を動かすおもしろい映像を制作できます。

▲ カット割りをしたシナリオを見ながら演技をつけている様子

▲ 構図を決めて撮影をしている様子

▲ 構図を決めて撮影をしている様子

▲ 撮影したデータを確認している様子

▶ ポイント3 必ずしも画コンテはいらない

　先生方から「画コンテは必要ないですか？」という質問をよく受けます。この質問に対する答えは、**必ずしも画コンテはいらない**です。その理由を説明していきます。

　画コンテとは、シナリオ上の「カット割り」を1カットずつ連続的にビジュアル化したものをいいます[5]。これは、あくまで補助的な役割なので、絵の巧拙を問うものではなく、「記号」と言い換えることもできます。そのため、映画の世界では慣習的に「絵」ではなく「画」の字を使うともいわれています。

　確かに、画コンテは映画がフィルムで撮られていた時代は必要性の高いものでした。まず、コストの問題です。フィルムは、フィルムそれ自体と撮影後の現像などの作業を含めて相当高額なコストが必要で、映像を撮影できる尺には限界がありました。次に、撮影の確認の問題。フィルムは撮影後に現像をして、映写機にフィルムを掛けてスクリーンに映し出さないと、撮影した内容の確認ができませんでした[6]。そのため、撮影時にリアルタイムで確認できるのは、ファインダーを見ているカメラマンだけでした。これらの理由から、フィルム時代は、撮影の前にスタッフ間で画コンテをもとに「構図のつくり方」や「画面の中の登場人物の動き」などを綿密にシミュレーションして共有しておく必要があったのです。

　一方、デジタル撮影が主流になった現在、撮影のコストが比較にならないほど下がり、はるかに長い尺の撮影ができるようになりました。さらに、現在のデジタル撮影では、カメラマンだけでなく、現場にいるスタッフのだれもがモニターで撮影している映像をリアルタイムで確認ができるようになったのです。ゆえに、現在、映画やドラマの撮影現場で、フィルム時代のような画コンテの必要性は薄れ、画コンテ自体が存在しない場合すらあります。

　いかがでしょうか。この授業プログラムでも、デジタル撮影をするので、必ずしも画コンテはつくらなくてもよいといえるでしょう。タブレットやスマホは機動性がよく、撮っているものをリアルタイムで観ることができ、すぐに再生して確認することもできるので、「カット割り」をしっかり考えたうえで、どんどん撮影していくのが得策です。

　いったんカット割りで考えた内容で撮影したうえで、さらにいろんなバリエーションを撮ってみるのもおもしろいでしょう。本章でお伝えしているショートドラマなら、完成尺が1〜2分と短いので、それが可能です。カット割りをしっかり行っていれば、画コンテに時間をかけるより

※5　コンテは「continuity＝継続や連続」の略。
※6　ただし、90年代には多くの現場でモニターが使われるようになった。

も、子どもたちの主体性や創造性を引き出すことができます。

▶ ポイント4 振り返りで学習効果を高める

　この実践では、ショートドラマをつくることは、あくまで手段の1つであり、目的ではありません。出来上がって発表して終わりではなく、学習効果を高めるためには、**振り返りの時間を持つことが大切**です。学校それぞれで学習課題があり、振り返りの内容もさまざまだと思いますが、Film Educator目線での振り返りのポイントを示しておきます。

Film Educator目線での振り返りのポイント

- 複数のカットから1つのシーンができていることを理解できているか
- カメラの位置が変わることで、視点が変化することを理解できているか
- フレームサイズ（ロング、ミドル、アップ）が変わることで、印象に強弱がつくことを理解しているか
- グループでの実践を通して、カット割りや撮影時に双方向の相談ができたかどうか

　なお、このワークショップ形式の授業は2コマで完結しますが、授業時間の確保が可能なら、シナリオをアレンジしたり、伝わる映像にするために衣装や髪形、小道具、装飾、撮影場所などを工夫したり、この続きを創作したりして、新たな映像をつくってもよいでしょう。この授業を、最初の練習と位置づけて、映像のプロとともに一度じっくり取り組んでおけば、ほかの授業に応用することも可能です。事例として紹介した緑園西小学校では、授業実践のあと「オムニバス形式のショートドラマ」の制作につなげました。実践を通して、子どもたちはカット割りの可能性は無限大であることに気づきます。それゆえ、唯一の正解はありませんから、グループ内での議論を経て、自分たちで答えを1つ決める必要があります。意図を持って、これという答えを1つ決めることこそが、映画監督の仕事ともいえます。ぜひ、先生のアイデアで学びの幅を広げてください。

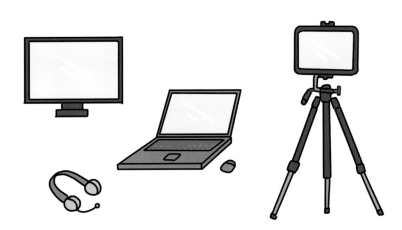

● ドルトン東京学園中等部・高等部（中高縦割りの選択授業）

映像表現の発想や構成力、撮影・編集のスキルアップを目指して、「ドラマ仕立てのCM」制作をゴールとする授業プログラム。そのための練習として、第3章で取り上げた非言語表現のワークショップ形式の授業を経てから取り組みました。設定を高校生にして、台詞をアレンジし、カット割りも自由にしてもらいました。

▲ 作品A

https://book.impress.co.jp/closed/
eizo_edu/Chap4_mov03.html

▲ 作品B

https://book.impress.co.jp/closed/
eizo_edu/Chap4_mov04.html

講評 0:20あたりの手をつかむアップのカット、それに続く、倒れる椅子のアップのカットで瞬時に視点が変わるところがよい。ドラマの盛り上がりがより強調された表現になっている。

講評 キーワードの「虹」をあえて台詞にして口にしなかったのがよい。それが何なのかが気になって先を観たくなる仕掛けになっている。

● 探究学舎（小学生対象）

探究型授業を提供する塾での実践。「ショートムービーを作って映像表現を学ぼう！」と題した2時間×3回の講座。1回目は用意したシナリオをもとに「カット割り」に挑戦して撮影・編集。2回目は、子どもたちがシナリオをアレンジして映像化。最終回は、続きのエピソードを子どもたちが創作して作品にしました。「1人ひとりの探究心に火をつけること」を目的に「プロがホンモノを見せる」ことを意識して、学校の授業とは違ったムードで実施。

▲ 作品A

https://book.impress.co.jp/closed/
eizo_edu/Chap4_mov05.html

▲ 作品B

https://book.impress.co.jp/closed/
eizo_edu/Chap4_mov06.html

講評 まずは例示どおりにきっちりと撮影と編集を行い、技術やフローを習得。

講評 ちょっとした変化球。しゃれが効いていておもしろい。

▲作品C
https://book.impress.co.jp/closed/
eizo_edu/Chap4_mov07.html

講評 合成をいとも軽やかにやってしまうのはさすが現代っ子。余韻が残るような物語の終わりになっているところもよい。

平井聡一郎の総括

GIGAスクール構想により、児童生徒は1人1台のデバイスを手にしました。これにより学びの成果のアウトプットは非常に容易に、かつ高度になりました。模造紙での発表に止まっていたものが、プレゼンテーションツールや今回のような映像表現によるアウトプットまで、表現の幅が広がったともいえます。つまり、学習者は、目的にあったアウトプットを自由に選ぶことができるようになったということです。

さて、第4章では、総合的な学習の時間でのアウトプットを取り上げています。これまで、ショートドラマを生で演じることが学びのゴールとなっていたものが、映像表現で学びの成果を表現するという活動がゴールとなったわけです。ここで取り上げられている学びはSDGsをテーマにしています。そのこと自体もPBLといえますが、ゴールである映像表現も1つのPBLとなっています。学びの成果を映像で伝えるというプロジェクトということです。どうしたら、自分たちが学んだことを他者に的確に伝えることができるかと考えるともいえますね。今回はショートドラマの映像化というアウトプットという形でしたが、これはドラマでなくてもよいわけで、伝えたい内容によって映像の種類を選択するということも大切でしょう。

また、「生のドラマではダメなのか」という意見もあるかもしれません。もちろん生でも大丈夫です。しかし、アウトプットには必ずフィードバックが必要です。映像化し、デジタル化することによって、より多くの人にレビューがもらえるようになります。さらに、一発勝負の生でなく、映像表現というつくり込む過程により、学びが深まると考えます。そして、これこそGIGAスクール構想によるICT機器環境整備により実現した学びといえるでしょう。

第5章

総合的な学習（探究）の時間①
──ドキュメンタリー制作の全体像を理解しよう

本章では、ドキュメンタリー制作の全体像を解説します。

5-1　取り組みやすいドキュメンタリーの2つのジャンル
5-2　ドキュメンタリー制作の全体フロー

ドキュメンタリー制作の実践に入る前に、まずはドキュメンタリー制作の全体像を理解しておきましょう。

5-1 取り組みやすいドキュメンタリーの2つのジャンル

ドキュメンタリーの定義と、次章以降で取り上げるドキュメンタリーの2つのジャンルについて説明していきます。

▶ ドキュメンタリーとは

ドキュメンタリーとは、設定したテーマに沿った人物や事象にスポットを当て、ありのままの事実を記録し、その記録を意図を持って取捨選択し、まとめた映像です。ドキュメンタリーといっても、その様式は多種多様で、映画館で公開されるような硬派なもの、中立を旨とする報道、ライトな情報バラエティのようなものまでさまざまです。本書では、総合的な学習（探究）の時間を使ってのドキュメンタリー制作にフィットし、実現性の高い様式として、2つのジャンルの実践事例を紹介していきます。魅力が伝わるドキュメンタリー映像とテーマを考えさせるドキュメンタリー映像の2つになります。

最近の子どもたちは、映画やテレビを観る機会が少なく、ドキュメンタリーとはどのようなものであるかを説明しても、YouTubeで視聴するようなSNS動画コンテンツのイメージと結びついてしまいがちです。しかしながら、ドキュメンタリーとSNS動画コンテンツでは、そもそもの制作目的が違います。ドキュメンタリーは「他者が見ている世界を、映像を観ている人に伝える」ことを目的にするのに対し、SNS動画コンテンツは「自分に見えている情景を、映像を観ている人に伝える」ことを目的としたものが多いです。第1章で、「動画」と「映像」の違いについてお伝えしましたが、その違いがそのままSNS動画コンテンツとドキュメンタリーの違いに当てはまります。

- SNS動画コンテンツ ➡ 私（たち）が私（たち）のことを発信、伝える（主観的）
- ドキュメンタリー ➡ 私（たち）が取材対象のことを発信、伝える（俯瞰的）

その違いは、インタビューに顕著に表れます。ドキュメンタリーにおいて、インタビューは作品の重要な要素ではありますが、作品全体の素材の1つにすぎません。これに対し、SNS動画コンテンツでは、インタビュー自体がほぼそのまま動画全体になっているものが多く、それでは単なるインタビュー動画となります。しかも、「○○さんに話を聞いてみた！」という感覚で、まるで対談のように自分（たち）と取材対象が一緒に画面に映り、自ら「自分（たち）が取材しているところ」を伝える、つまり自分（たち）も画面の中の主人公の1人になってしまいます。

第1章でも紹介しましたが、今一度、上記の違いに着目して、以下の2つの映像を観比べてみてください。養蜂家を取材した同じ素材を使って編集したドキュメンタリー映像と、SNS動画コンテンツ風の映像です。

◀ドキュメンタリー映像

制作：ドルトン東京学園中等部
https://book.impress.co.jp/closed/
eizo_edu/Chap5_mov01.html

◀SNS動画コンテンツ風のもの

制作：ドルトン東京学園中等部（課外）
https://book.impress.co.jp/closed/
eizo_edu/Chap5_mov02.html

　いかがでしょうか。ドキュメンタリーは、**私（たち）が取材対象のことを発信し伝えること**を目的にしているため、**俯瞰的な視点**が求められます。よって、インタビューは、それ自体が目的ではなく、あくまでも**取材対象のことを伝えるための手段の1つ**です。第1章で解説した5つのチカラのうち「多様性を理解する」チカラを育むためにもインタビューは適した手段です。他者とのコミュニケーションをおもしろがれるとなおよいです。ただし、SNS動画コンテンツのイメージでいきなり実践に移ると、インタビューを撮ること自体が目的化してしまうため、まずは、前段階として、ドキュメンタリーとは何かを学ぶインプットの時間を、オリエンテーションでしっかりと確保することが大切です。次章以降で、詳しく説明していきます。

魅力が伝わるドキュメンタリー映像

　テーマを考えさせるドキュメンタリー映像は、いざ取り組んでみると、子どもたちはそのおもしろさに熱中します。しかし、どうしても地味で堅いイメージがあるのも事実であり、制作の前段階では子どもたちの興味を引きにくいという弱点もあります。ですので、もう少しライトなものとして、プロモーション、アピールする映像制作という発想の実践例も紹介します。本書では、プロモーションやアピールを目的とした映像を魅力が伝わるドキュメンタリー映像と呼ぶことにします。

　たとえば、学校の紹介映像をつくるというのはどうでしょう。学校の歴史をリサーチしたうえで、現在の姿とその魅力をアピールするとしたらイメージしやすいでしょう。

　また、お店や会社の「職場体験」をしたうえで、それらの広告映像をつくるという手もあります。「子どもたちと一緒に魅力が伝わるドキュメンタリー映像をつくりませんか？」とSNSで募ったり、近くの商店に協力を依頼したり、保護者にも協力を仰いだりすることも考えられます。そのほか、何かにチャレンジする人の広報をしたり、お祭りなどの地域のイベントを紹介したり、子どもたちと一緒にアイデアを出し合ってもよいでしょう。

　プロモーションやアピールを目的に、「人物」なり「事象」を取材して、その魅力を発見して映像化するというのは、子どもたちにとって新たな経験になるはずです。第6章で魅力が伝わるドキュメンタリー映像制作の実践例として、ドルトン東京学園中等部での授業プログラムを取り上げます。

　まずはイメージトレーニングとして、以下を視聴しておいてください。これは筆者がディレクションした、商用目的のプロモーション映像です。

◀ 結膳〜yuizen〜
「レストラン大宮編」：
魅力が伝わるドキュメンタリー映像※1

提供：株式会社Cqree
https://book.impress.co.jp/closed/
eizo_edu/Chap5_mov03.html

※1　Web CMとして制作した映像を関係各所のご理解とご協力のうえで、本書の内容に合わせて再編集しています。

テーマを考えさせるドキュメンタリー映像

　本章冒頭でも触れたように、「ドキュメンタリー映像といえば？」と聞かれたら多くの大人が
イメージするような映像を、本書ではテーマを考えさせるドキュメンタリー映像と呼びます。こ
れは、設定したテーマに沿った人物や事象にスポットを当て、ありのままの事実を記録し、その
記録を意図を持って取捨選択しまとめた映像のことです。ただ単に目の前の人物や事象を撮影し
ただけの映像ではなく、画面に映し出された人物や事象が観る人の心を動かし、伝えたいテーマ
が「伝わる」映像表現になっている必要があります。

　テーマを考えさせるドキュメンタリー映像は、課題を発見し解決する、そして、取材する「人
物」や「事象」に対して答えのない問いを発し、受け取るという意味において、探究学習そのも
のといえます。第7章でテーマを考えさせるドキュメンタリー映像制作の実践例として、北鎌倉
女子学園中学校における「鎌倉とコロナ禍～宗教はコロナ禍にどう向き合っているか」と題した
取り組みを詳しく取り上げます。

　まずはイメージトレーニングとして、以下を視聴しておいてください。いずれも筆者が講師を
務める映像専門学校の学生が、「コロナ禍の思い出を記録する」をテーマに、「人」はコロナにど
う向き合い、いかに生きているかに迫ったものです。

◀LIFE IS A JOURNEY
　―三度目の挑戦―：
　テーマを考えさせる
　ドキュメンタリー映像

制作：TMS東京映画映像学校

https://book.impress.co.jp/closed/
eizo_edu/Chap5_mov04.html

◀22歳 学生ダンサー 小林俊太
コロナとの葛藤：
テーマを考えさせる
ドキュメンタリー映像

制作：TMS東京映画映像学校

https://book.impress.co.jp/closed/
eizo_edu/Chap5_mov05.html

以上、魅力が伝わるドキュメンタリー映像とテーマを考えさせるドキュメンタリー映像について、それぞれ説明しました。

取材対象には、それが人物であれ、事象であれ、多面性があります。取材対象の文字通りプロモーションしたい良いところ、美しいところ、カッコイイところをあらかじめ想定して選び抜いていくものが、魅力が伝わるドキュメンタリー映像です。一方、「良いところ・悪いところ」「美しいところ・醜いところ」「カッコイイところ・ダサいところ」……そうしたすべての面をのみこんだうえで、つくり手が自らの「解釈」を与える映像がテーマを考えさせるドキュメンタリー映像です。

取材対象の多面性に自らの解釈を与えるテーマを考えさせるドキュメンタリー映像と比べると、取材対象の魅力を明確にする魅力が伝わるドキュメンタリー映像は、はるかに取り組みやすいといえるでしょう。

2つのジャンルいずれも、制作全体のフローはほとんど同じですが、まず第6章で魅力が伝わるドキュメンタリー映像制作の実践方法をひもとき、第7章でテーマを考えさせるドキュメンタリー映像制作の実践事例を紹介します。

5-2　ドキュメンタリー制作の全体フロー

第6章、第7章では、いずれも3か月あまりをかけて実践したPBLであるドキュメンタリー制作の授業プログラムについて紹介します。探究活動と本質的に通じるところのあるドキュメンタリー制作に学校で取り組むにあたって、それぞれの学校の特性、目的や到達目標などに合わせて、先生と一緒に体系だった授業として開発しているため「授業プログラム」と位置づけています。

ここでは、具体的な実践事例を見る前に、撮影や編集などの作業を含めた**ドキュメンタリー制作の全体フロー**を確認しておきましょう。

以下が全体フローです。指導計画の作成の際に参考としていただけるように「探究学習の過程」を ステップ として赤字で表記しています。「探究学習の過程」は、文部科学省のサイトで公開されている「今、求められる力を高める総合的な学習の時間の展開」を参考にしています。

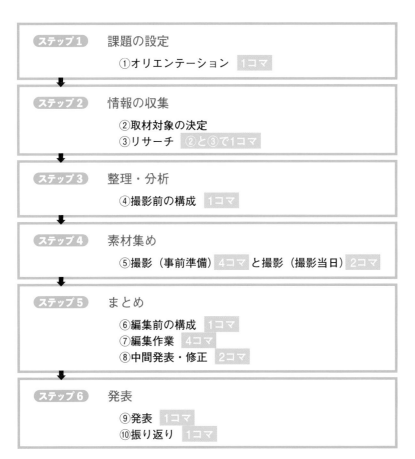

ステップ1　課題の設定
　　　①オリエンテーション　1コマ

ステップ2　情報の収集
　　　②取材対象の決定
　　　③リサーチ　②と③で1コマ

ステップ3　整理・分析
　　　④撮影前の構成　1コマ

ステップ4　素材集め
　　　⑤撮影（事前準備）　4コマ　と撮影（撮影当日）　2コマ

ステップ5　まとめ
　　　⑥編集前の構成　1コマ
　　　⑦編集作業　4コマ
　　　⑧中間発表・修正　2コマ

ステップ6　発表
　　　⑨発表　1コマ
　　　⑩振り返り　1コマ

出典　文部科学省／総合的な学習（探究）の時間「今、求められる力を高める総合的な学習の時間の展開」
　　　https://www.mext.go.jp/a_menu/shotou/sougou/main14_a2.htm

　授業でドキュメンタリー制作に取り組みはじめると、ドキュメンタリーについてもっと知りたくなるかもしれません。せっかくの機会ですので、一般的ではないかもしれませんが、映像の歴史を語るうえで興味をひかれる作品を紹介します。映画として公開されたドキュメンタリーばかりです。ぜひインプットに役立ててください。

人の不幸は蜜の味？　いや、涙なしには観られない
──『ロスト・イン・ラ・マンチャ』2002年

　テリー・ギリアム監督による「ドン・キホーテを題材にした超大作映画」のメイキングを撮っていたところ、戦闘機の騒音や豪雨、主演俳優の異変など、次から次に信じられないようなトラブルが巻き起こり……ついに映画の制作が頓挫する、その一部始終を追った作品です。

　人の不幸は蜜の味ではありませんが、公開当時、ある種の喜劇として受け止められて話題を呼びました。しかし、私たち映画に携わる者にとっては人ごとではなく、かなりショッキングでした。とりわけ映画監督にとってはこれ以上の悲劇はなく、涙なしには観られません。

映像はもう完成された芸術？
──『東京裁判』1983年

　1946〜1948年にかけて行われた東京裁判の膨大な記録映像を、5年の歳月をかけて277分（4時間37分）にまとめ上げた作品です。戦争の実態と国際軍事裁判による評価が冷徹な視点をもって記録されています。

　戦後すぐに撮影されたモノクロの粗い映像です。編集も、80年代はまだフィルムを切り貼りしていましたから、現代的なCGやリズミカルな映像はありません。それでも圧倒的なリアリティが醸し出す緊迫感が一時も途切れず、歴史の証人になったような気分にさせられます。

　この作品を観ると、メカニカルな技術ではどんどん進化していきますが、映像の見せ方（演出）はもうすでに完成していると思わずにはいられません。

取材対象が自分を演じる？
──『ゆきゆきて、神軍』1987年

　太平洋戦争で悲惨極まりない状況だったニューギニア戦線を生き残り、戦友の慰霊と元上官たちへの戦争責任を追及する奥崎謙三の破天荒な行動に追った作品です。

　とてもセンシティブな問題を扱っていて、日本人として深く考えさせられます。と同時に、「ドキュメンタリーはどこまで真実を描くか？」という問いがさらに深くなります。主人公の奥崎は、カメラの存在を意識しはじめます。言動も行動もどんどんエスカレートするわけですが、もはやそれは演技になっていきます。

　これはとても極端な例ですが、実際にドキュメンタリー取材でカメラを向けると、人は大なり小なり自分を演じるものです。つくる側の創作物であると同時に、取材対象にとっても創作物になってしまうような気分になります。そうなるとどこに真実があるのか……まさに答えのない問いになっていきます。

総合的な学習（探究）の時間②
──ドキュメンタリー制作
魅力が伝わるドキュメンタリー映像編

　本章では、魅力が伝わるドキュメンタリー映像制作の実践方法について、詳しくひもといていきます。

本章では、ドルトン東京学園中等部で実施した授業プログラムをもとに、魅力が伝わるドキュメンタリー映像制作の実践方法について詳しく解説していきます。

6-1　授業までの事前準備

およそ3か月をかけて実践する授業プログラムのため、学校側の事前準備がとても大切になってきます。

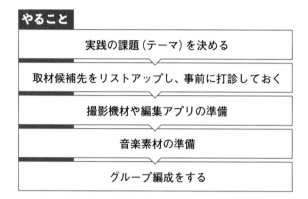

やること
- 実践の課題（テーマ）を決める
- 取材候補先をリストアップし、事前に打診しておく
- 撮影機材や編集アプリの準備
- 音楽素材の準備
- グループ編成をする

▶ 実践の課題（テーマ）を決める

この実践では、働く「人」とその「仕事」の魅力が伝わるドキュメンタリー映像を制作することを課題（テーマ）として設定しました。合計18コマ（週2コマで約3か月を想定）を使うことを前提にしています。

子どもたちが興味を持った仕事の職場を訪問し、仕事の様子や働く人のインタビューを撮影し、働く人とその魅力を見つけ出し、それが伝わるようプロの技術や考え方を使ってドキュメンタリー映像に仕上げ、発表します。キャリア観を養うことを目的に、「職場訪問」の要素、さらには魅力が伝わる映像制作の発注を受けるという「仕事体験」の要素を掛け合わせた実践です。Dalton Expo（学習成果発表会）[1]に来校する大人のゲストが、取材した働く「人」とその「仕事」に興味を持つこと、その「人」に会ってみたくなる、その「職場」に行ってみたくなることが映像の目的となります。

課題（テーマ）については、どの時間（授業）を使って取り組むのか、どれくらいの期間・何コマ使えるかなど、それぞれの事情や状況に合わせて、地域性や学年、クラス編成なども考慮して決めてください。

※1　ドルトン東京学園中等部・高等部による学びの発表会。https://www.daltontokyo.ed.jp/education/event/

▶ 取材候補先をリストアップし、事前に打診しておく

　課題（テーマ）が決まったら、目的に合う取材候補先をリストアップします。限られた時間内での実践なので、まったくゼロの状態からスタートでは、時間が足りません。取材協力を得るのは時間がかかるため、学校側で取材候補先にあらかじめ打診をしておきます。こちらがどんなに前のめりでも、そもそも興味を持ってもらえなければ話が先に進みません。まずは打診してみて、その段階で取材NGのところは候補から外します。

　地域の方や保護者に協力を仰ぐとよりよいでしょう。以下は、保護者宛てに協力を仰ぐ際の「依頼文」の一例です。適宜、自校の実情に合わせて作成してください。

▲ 保護者への協力依頼文の一例

　取材の打診に対して興味を持ってもらえたら、次に、取材対象に対して「企画趣意書」を送ります。この段階で、細かな取材内容や撮影日まで確定して明記してください。時間が許すなら、下見に行ってもよいでしょう。以下は、企画趣意書の一例です。適宜、自校の実情に合わせて作成してください。

左側の書面：

○○年○○月○○日

○○○○株式会社
○○部　○○○○さま

○○○中学校○年
学年主任　○○○○

企画趣意書

　拝啓　時下ますますご清栄のこととお慶び申し上げます。平素は本校の教育活動にご理解とご協力をいただきまして、誠にありがとうございます。
　さて、このたびキャリア教育の一環として、本校○年の生徒たちが「働いている人に取材を行い、その仕事の魅力を伝える映像制作」に取り組むことになりました。
　以下の企画内容をご覧いただき、撮影にご協力をお願いできればと考えております。ご検討をいただけますようよろしくお願いします。

敬具

記

1. 企画概要
「興味のある仕事についている人に取材を行い、その仕事の魅力を伝えるドキュメンタリー映像制作」という探究活動を行う。

2. 企画目的
・映像制作を通じて、進路や将来を考える力を身に付け、ふさわしい職業観を育成する。
・職業生活・実社会に必要な知識・技能や、マナーについて習得する。
・情報を収集・整理することを通じて、メディアリテラシーを養う。

3. 撮影内容
・○人のグループで仕事場などに伺い、以下の取材内容を撮影します。
　①働いている姿

右側の書面：

　②仕事場の情景や商品
　③インタビュー（仕事の紹介、仕事への思い、生い立ちなどについてのお話）
　④思い出の写真や品物
　⑤関係者（従業員や家族、友人）のコメント
※NHKの「プロフェッショナル 仕事の流儀」という番組をイメージしていただけると良いかと思います。

・所要時間は1時間半程度。タブレットもしくはスマートフォンでの撮影になります。
・事前のご連絡・撮影は生徒が主体となって行います。
・これらの撮影素材をもとに生徒が編集を行い、仕事の魅力・職業観を5分の映像作品にまとめます。その作品を○○月中頃に行われる発表会で上映します。

4.撮影日程
・○○年○○月○○日（○）　○○時〜

5. 備考
・撮影した映像やお預かりした個人情報等に関しては学校にて適切に管理を行います。
・制作した作品は授業内で完結するもので、学内での発表のみ使用になります。学校の広報活動等を目的に学外で使用をする場合は、事前にご相談させてください。
・制作した作品をご自身のPRにご活用いただくことも可能です。ご希望の場合は、学校までご相談ください。ただし、あくまで生徒による学習成果物のため、内容の修正のご要望には添いかねますので、あらかじめご了承ください。
・新型コロナウイルスの感染拡大に伴い、企画を延期・中止する場合がございます。その際は学校からご連絡させていただきます。

6. お問い合わせ先
学年主任　○○○○
TEL：○○-○○○○-○○○○
メールアドレス：○○○@○○○○

以上

▲ 企画趣意書の一例

　なお、最初の打診段階で、取材対象に**学校の授業であること**をしっかり伝えるようにしましょう。以下の2点が伝わることが大切です。

・ 営利目的ではない
・ 学校の授業の中で完結する

　学校での取り組みは、営利目的のものではないので、完成した映像を観ることはできても、修正などの希望には添えないことも伝えておいてください。制作するのはあくまで子どもたちなので、成果物には限界があります。「子どもたちと一緒に作りましょう」という趣旨に賛同を得られるかどうかも重要です。また、一般的に学校教育には寛容なところが多いですが、学校の授業の中で完結するということは「発表は授業内のみで行い、外部には出さない」ということなので、これもきちんと伝えるようにしましょう。

　ただし、「よい作品ができた場合、学校や子どもたちが外部に出したい」「取材先がPRとして外部に出したい」ということがあるかもしれません。そういった場合に備えて、事前に双方で取り決めておくか、完成後なら双方に納得できるように話し合う必要があります。いずれにせよ、

断りなく外部に公開すると約束違反になりますので、注意してください。そのような判断ができることは、メディアリテラシー教育にもつながります。

▶ 機材や編集アプリの準備

撮影機材も編集アプリも、特別なものを準備する必要はなく、学校の実情に合わせて、普段使っているタブレット端末と、プリインストールされている編集アプリを使用してください。ただし、インタビュー撮影時には**ピンマイクと三脚、サブカメラとしてのスマホ**を準備できればなおよいです。ピンマイクは、安価なものでかまいません。有線のものなら大手通販で変換アダプター（純正のものを推奨）と併せて3,000円程度、パン棒付きの三脚は大手通販で3,000円程度で購入できます。加えて、タブレットやスマホを三脚に取り付けるためのアタッチメントホルダーも必要です。詳しくは第2章を参照してください。

▶ 音楽素材の準備

映像にはBGMを入れます。学校の状況に合わせて、どこから音楽を取り込むか、音源を決めておいてください。端末にプリインストールされている音源でも、フリーの音源サイトからのダウンロードでもかまいません。楽曲や写真などの権利許諾については、学校内の利用に限定するならば問題にはならないでしょう。ただし、教育目的でない課外のイベントやコンテスト、YouTubeなどでの配信を想定している場合は、注意が必要です[2]。予算が許せば、有料の音源を購入してもよいでしょう。

▼【参考】プロの現場でよく使われる音源サイト（2023年1月現在）

サイト	概要	URL
AudioJungle	○楽曲数が多い（約180万曲）。比較的安価（1曲5ドル〜） ×英語のみ対応	https://audiojungle.net
Audio Network	○日本語対応。大手の代理店が推奨していて使用許可などが担保されている（約20万曲） ×価格が高い（1曲10ドル〜）	https://www.audionetwork.com
PremiumBeat	○日本語対応。楽曲のクオリティが高い（約2.5万曲） ×価格がかなり高い（1曲49ドル〜）	https://www.premiumbeat.com
Artlist	○楽曲のクオリティが高い（約3万曲） ×定額制で、年間契約120ドル、短月契約15ドル。日本語対応が一部	https://artlist.io/

※2　音楽著作権の詳細は、JASRAC（一般社団法人音楽著作権協会）や文化庁のサイトなどで確認してください。
　・JASRAC「学校など教育機関での音楽利用」　https://www.jasrac.or.jp/info/school/
　・JASRAC「学校で音楽を使うときには」　https://www.jasrac.or.jp/park/inschool/
　・文化庁「著作権制度に関する情報」　https://www.bunka.go.jp/seisaku/chosakuken/seidokaisetsu/

▶ グループ編成をする

3人1グループを基本とし、グループ編成を考えておきます。

ただし、子どもの数が多い、取材先の数に限りがあるなど、現実には難しいケースもあるため、4〜6人で1グループでもかまいません。その場合、プロジェクト全体を通じて、2人で1つの役割を担当するなどで調整します。総合的な学習（探究）の時間を使った授業では、全員で企画を考えたり、撮影や編集などの実作業をしたりしますが、映像制作はやるべきことがたくさんあるので、事前に役割分担をしておくことが肝心です。「スケジュールの管理をする人」「外部との連絡を担当する人」「データを管理する人」の3つの役割があることを前提に、グループ編成をしておいてください。

なお、ここで決めたグループ編成がベースですが、撮影時や編集時には、作業ごとの役割を決める必要があります。

ここまでが、学校側がしておく事前準備となります。準備が整ったら、いよいよ実践スタートです。第5章で示した**ドキュメンタリー制作の全体フロー**に沿って説明していきます。

6-2 ステップ1 課題の設定 —— ①オリエンテーション（1コマ）

授業プログラムの全体像を把握するためにオリエンテーションを実施します。

やること

インプット
完成作品のサンプル映像を観て、ドキュメンタリーの分析をする

課題のオリエンテーション
完成作品のサンプル映像を観ながら、どんな内容で制作するのかを考える

授業プログラムの全体像の把握
この授業プログラムで制作する作品のテーマ、スケジュール、撮影内容、完成形をイメージする

この時間のゴール

・魅力が伝わるドキュメンタリー映像の目的を理解できている
・完成形、撮影内容の想像ができている
・発表までのスケジュールを把握している

▶ インプット

まずは、インプットの時間を取ります。

プロが制作したサンプル映像を観てから、ドキュメンタリーとは何か、魅力が伝わるドキュメンタリー映像とはどんなものかを考察します。

◀ 魅力が伝わるドキュメンタリー映像：
結膳～yuizen～
「レストラン大宮編」

提供：株式会社Cqree

https://book.impress.co.jp/closed/
eizo_edu/Chap6_mov01.html

視聴したら、子どもたちに問いを投げかけ、ドキュメンタリーとは何かについてディスカッションします。

- この映像を観て、どんな気持ちになりましたか？
- どんな映像が入っていましたか？

子どもたちの意見が一通り出たら、まとめをします。たとえば、「どんな気持ちになりましたか」という問いに、子どもたちから「食べたくなった」という答えが返ってきたとしたら、「それは、つくり手が、いろいろな場面を撮った中から、視聴者が食べたくなるように、この部分を使おうと取捨選択したからだよ」というような話をして、以下のまとめにつなげてください。

> ドキュメンタリーとは、テーマを設定し、事象を記録して、
> その中からつくり手の意図を持って主体的に取捨選択した要素をまとめたもの
>
> - 事象の記録＝タブレットやスマホを使っての撮影
> - 取捨選択＝編集アプリを使っての編集

次に、魅力が伝わるドキュメンタリー映像とはどのようなものかについて、ディスカッションします。

- どんな動画を撮っていましたか？
- 取材対象（人物・お店・商品）はどうでしたか？
- どんな内容でしたか？場所はどこでしたか？
- どんな音楽でしたか？

この映像は、「レストラン大宮」のシェフとそのお弁当の魅力が伝わるドキュメンタリー映像です。映像の中にどのような要素があるのか、どんな内容で制作するのか、ディスカッションで出た各要素について、簡単なワークをします。

▶ 課題のオリエンテーション

インプットを受けて、魅力が伝わるドキュメンタリー映像とはどのようなものか、さらに深めるワークをします。

ワーク

先ほど視聴した「レストラン大宮」の魅力が伝わるドキュメンタリー映像の要素を整理します。整理には、3色の付箋（ピンク、青、黄）を使います。

映像の要素の整理

1. まず、映像内のさまざまな要素をざっと書き出します。
2. 書き出した要素を、以下の3つの要素のどれに当てはまるか分類しながら、各色の付箋に書いて並べていきます。

　　魅力が伝わるドキュメンタリー映像の3つの要素
- アクション（ピンク）＝ 被写体に動きのあるもの
- イメージ（青）　　　＝ 動かない被写体。商品・情景・ロゴなどの資料的なもの
- インタビュー（黄）　＝ インタビューの答え

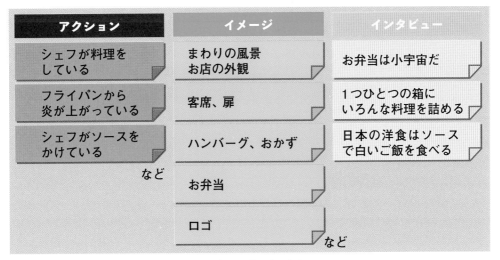

アクション	イメージ	インタビュー
シェフが料理をしている	まわりの風景 お店の外観	お弁当は小宇宙だ
フライパンから炎が上がっている	客席、扉	1つひとつの箱にいろんな料理を詰める
シェフがソースをかけている	ハンバーグ、おかず	日本の洋食はソースで白いご飯を食べる
など	お弁当	
	ロゴ	
	など	

▲アクション、イメージ、インタビュー（答え）ごとに付箋に書き出す

このワークを通じて、以下を理解することを目指します。

- 映像が、主に「アクション」「イメージ」「インタビュー」の3つの構成要素でできていること
- 3つの要素を組み合わせて、全体の構成が作られていること
- インタビューはドキュメンタリーの1つの要素であって、ドキュメンタリー＝インタビューではないこと

ワークを通じて、魅力が伝わるドキュメンタリー映像が、主に3つの構成要素の組み合わせでできていることを理解できたら、いよいよ課題（テーマ）を提示します。

この実践例の課題（テーマ）は、働く「人」とその「仕事」の魅力が伝わるドキュメンタリー映像です。この実践で制作する映像の目的は、Dalton Expoに来校する大人のゲストが、「取材した働く"人"とその"仕事"に興味を持つこと」「その"人"に会ってみたくなる、その"職場"に行ってみたくなること」です。

会社を訪問して、仕事の様子（アクション）を撮影したり、取材対象者のインタビューを撮影したり、会社の外観や内観、商品、ロゴなど（イメージ）を撮影したりして、仕事をしている人の魅力や仕事の魅力が伝わる5分のドキュメンタリー映像をつくることを確認します。

▶️ 授業プログラムの全体像の把握

　課題を理解したら、この実践で制作する作品のテーマ、完成形、撮影内容、スケジュールなど授業プログラムの全体像をイメージするため、以下の内容を共有します。ここでは、ドルトン東京学園中等部での実践をもとに、内容を再構成して例示しています。

🎬 授業の流れ

```
┌────────────────────────────────────┐
│  取材先を決め、撮影日のアポイントを取る  │
└────────────────────────────────────┘
                  ↓
┌────────────────────────────────────┐
│ 取材先についてリサーチをし、撮影前の構成を考える │
└────────────────────────────────────┘
                  ↓
┌────────────────────────────────────┐
│                撮影                  │
└────────────────────────────────────┘
                  ↓
┌────────────────────────────────────┐
│          編集前の構成、編集          │
└────────────────────────────────────┘
                  ↓
┌────────────────────────────────────┐
│           中間発表、修正            │
└────────────────────────────────────┘
                  ↓
┌────────────────────────────────────┐
│           発表、振り返り            │
└────────────────────────────────────┘
```

▶ **企画概要**
- 制作物　　：働く「人」とその「仕事」の魅力が伝わるドキュメンタリー映像
- 映像の目的：Dalton Expoに来校する大人のゲストが、取材した働く「人」とその「仕事」に興味を持つ。その「人」に会ってみたくなる／その「職場」に行ってみたくなる
- 期間　　　：12月1日〜2月25日
- 撮影日　　：1月13日
- 発表形式　：2月のDalton Expoで作品発表

▶ **完成形態**
- 完成作品時間は計6分以内
    本編 5分以内
    オープニング⇒展開⇒まとめ
        ＋
    エンドロール 1分以内
    メイキング映像的なオフショットをバックに、スタッフロールが流れるもの
- アクション、インタビュー、イメージで構成されたもの
- ナレーションはなし

- コメントフォローは、強調したいところだけ（ただし、録音状態が悪い場合は必要）
- BGMは合計して本編の尺の1/3の時間内にする。版権をクリアしているもの
- スクリーン上映を想定して、アスペクト比を16：9にする　※理由は後述

▶ **撮影内容**
- 撮影は、基本的に1回の訪問で完結する
- 撮影当日は、まずはカメラを向けて密着撮影する（アクションの撮影）
- インタビューを撮る
  （準備時間10分、撮影時間15～20分を想定　※完成の3～5倍の時間を目安とする）
- イメージを撮る
- 撮影機材はタブレットをメインにして、インタビューの映像と音声はそこに収録する。アクションやイメージ、インタビュー時のサブカットの撮影はスマホを使ってもよい
- 可能ならインタビュー撮影時にはマイクと三脚を使用する

▶ **グループ編成**
- 4～5人
  スケジュールを管理する人／外部との連絡を担当する人／データを管理する人

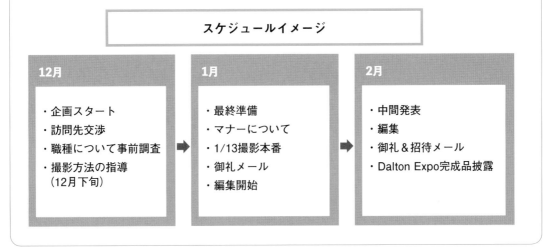

スケジュールイメージ		
12月	**1月**	**2月**
・企画スタート ・訪問先交渉 ・職種について事前調査 ・撮影方法の指導 （12月下旬）	・最終準備 ・マナーについて ・1/13撮影本番 ・御礼メール ・編集開始	・中間発表 ・編集 ・御礼＆招待メール ・Dalton Expo完成品披露

　総合的な学習（探究）の時間を使って取り組む場合は、1学期間（10～12コマ）を想定してスケジュールを組んでください。時間が足りない場合は、編集アプリを使った編集の実作業を課外にするなどして、構成を考えたりプレビューしたりするようなグループワークは、授業時間内で設定するようにしてください。時間の流れがわかるように一覧にして提示すると、イメージしやすくなります。

　なお、グループ編成は、事前に学校側で決めておくのがスムーズですが、役割分担については、子どもたちに決めてもらったほうがよいでしょう。

....

映像は3〜5分、プレゼンテーションとセットで発表が基本

この実践例では、5分の映像作品としていますが、総合的な学習（探究）の時間に取り組む場合は、1学期（10〜12コマ）で完結とするなら、3〜5分が最適な完成形態です。5分の作品というと、「そんなに短いの？」と思うかもしれませんが、たった5分をつくるのはかなりの労力です。さらに、口頭でのプレゼンテーションを2〜3分加えて、映像とのワンセットで発表することをおすすめします。実践を進めるうちにどうしても「映像制作」が目的化してしまうので、映像はあくまでも手段であるということを折に触れて子どもたちに伝えてください。

上映は大きなスクリーンで、日常とは一線を画す

この実践では、作品発表がゴールなので、基本的にはスクリーン上映での発表を想定します。編集時にパソコン上で観ているものと大きなスクリーンで観るものでは、つくり方も見え方も変わってくるため、完成形態はあらかじめ設定しておく必要があります。大きなスクリーンで観る映像は、ふだんスマホで観る動画とはまったく違ったものになり、それだけでも高揚感と緊張感が出ます。さらにスクリーンを意識した映像制作をすることで日常と一線を画すことができます。

アクション、イメージ、インタビューそれぞれの構成を意識して撮影する

取材先を訪問したら、まずは、仕事をしている様子（アクション）を撮影します。実際に現場で仕事している様子を観察してみると、事前リサーチでは気づかなかった新たな問いが生まれたり、発見があったりします。その後、インタビュー撮影を行いますが、事前に準備した質問に、新しい質問を加えてもよいでしょう。インタビューを通して「他者に興味を持つ」チカラをつけるのに大きく役立ちます。事前に「アクション」「イメージ」「インタビュー」の構成をしっかり考え、映像の全体像を俯瞰しておくことで、撮り逃しや撮り忘れを防止することもできます。

映像を使って伝えたいことが伝わる映像を目指す

ナレーションは、なしとします。なぜなら、しゃべってしまったほうが手っ取り早いので、言語表現に頼ってしまい、さまざまな映像素材を組み合わせて非言語で表現するという工夫をしなくなってしまいがちだからです。同じ理由で、コメントフォローは、強調したいところだけとします。なお、ナレーションの文章を書くのも簡単ではありません。全部説明してしまったり、極端に抽象的だったり、言葉が足りないこともあります。話す技術も含めて、ナレーションを録音する技術、それを映像に合わせることは、かなりレベルが高いともいえます。また、映像におけるBGMの役割は大きなものです。音楽が映像の印象を左右するといっても過言ではありません。もちろん音楽の恩恵を受けて、映像をそれらしく見せるのはかまいませんが、「選曲がよかった」という評価にしてしまっては少々残念な結果です。そのため、この実践例では本編の1/3以内と音楽が流れる時間に制限を設けました。

グループメンバーの3つの役割分担

スケジュールの管理をする人 スケジュールの設計は全員で行うべきですが、いざ作業が始まると管理がおざなりになりがちです。特に編集アプリを使った編集の実作業にのめり込むと、締め切りが見えなくなってきてしまいます。ですので、冷徹にスケジュールを管理する役割を決めましょう。

外部との連絡を担当する人 ドキュメンタリー制作では、いろんな場面でさまざまな立場の人たちとの交渉が必要になります。特に外部とのやり取りは窓口を1つにしておいたほうがよいです。こちらは、そのための役割になります。

データを管理する人 撮影した動画データや、用意した静止画や音楽データなど、作品が完成するまでには膨大なデータが存在します。どのデータがどこに保存されているのか、誰がデータを持っているのかわからなくなる、データが入った端末を持ち帰った子が休んで編集作業がストップする、というようなことが起こらないように、データを管理する役割になります。データをどこにどのような方法で保存するのかは、学校によってルールが異なることもあるため、そのルールに従うよう指示してください。なお、撮影前や編集前に考えた構成表を写真撮影して記録を残しておくのもデータ管理係の仕事です。

グループメンバーは事前にアンケートを取って決めるとよい

　実践全体を通じた役割、撮影時の役割、編集時の役割とさまざまな役割があるので、それぞれの役割の説明をしたうえで、まずは、どれをやってみたいかアンケートを取ります。映像制作や編集アプリの使用経験があるかどうかも確認してください。どうしても編集アプリを使った編集の実作業で差がついてしまうので、できる限り動画編集のスキルがある子たちがばらけている状態になるのが理想です。これらの情報を手掛かりに、グループ編成をします。検討事項や実作業が多いので、映像制作はゴールまで完走するのがとても大変です。その過程において、時に衝突することもよい経験かもしれませんが、人間関係のもつれが原因で頓挫してしまうことがよくあります。可能なら相性も考慮できるとなおよいです。

6-3　**ステップ2** 情報の収集 ── ②取材対象の決定／③リサーチ（1コマ）

　授業プログラムの全体像を把握し、テーマ設定ができたら、いよいよ具体的に進行していきます。まずは、取材先を決め、それぞれの取材先についてリサーチし、正式に撮影日のアポイントを取ります。この実践例では、メールを使ってアポイントを取る方法を説明します。

やること

取材候補先をそれぞれのグループで下調べして、取材先を決める

決めた取材先について、詳しくリサーチする

取材先に撮影日のアポイントを取る

この時間のゴール
・取材先が決まっている
・取材先に撮影日のアポイントが取れている

▶ 取材候補先をそれぞれのグループで下調べして、取材先を決める

「6-1　授業までの事前準備」で説明したように、取材候補先は、学校側で事前にリストアップと事前交渉をしておいてください。それらの取材候補先について、それぞれのグループで、インターネットを使って下調べと話し合いをし、リストの中から取材先の希望を2〜3候補挙げてもらいます。希望先に偏りが生じた場合は、調整して取材先を決めてください。

▶ 決めた取材先について、詳しくリサーチする

取材先が決まったら、さらに詳しくリサーチ（情報収集）していきます。取材先のことを事前にリサーチしないのはとても失礼です。「取材させてほしい」「あなたのお仕事の魅力が伝わるドキュメンタリー映像にしたい」といいながら、「あなたの仕事をよく知らないので、どんなお仕事なのか教えてください」と質問するのは、どうでしょうか？「取材したいのに、よく知らないってどういうこと？」と受け取られる場合があります。そのようなたとえ話を交えて、事前リサーチの重要性を説明してください。

リサーチの具体的な方法については、各学校でのそれまでの取り組みに左右される部分が大きいです。現状を一番わかっている先生方の視点で、調べる項目をピックアップしたワークシートを作成して配布するなど、それぞれの学校の実情に合わせて、子どもたちがリサーチしやすい工夫をしてください。

リサーチする内容例

・取材先の会社名、社長（代表、店長など）の名前
・どんな仕事か、仕事内容
・その仕事の魅力
・調べたけれど、わからないことや知らないこと
・もっと調べたいこと
・質問したいこと

リサーチした内容は、取材依頼の際や、これからの撮影、取材の基礎になるので、思いついたことはとにかくメモしておくよう促してください。

また、可能な限り、**撮影前に子どもたちによる下見**を実行してください。ただし、あくまでも下見であり、取材先に「子どもたちが訪問してあいさつをする」ということを説明しておかないと撮影をするものだと誤解を招くので注意が必要です。どうしても下見が難しい場合は、オンラインミーティングをセッティングしてもよいでしょう。

▶ 取材先に撮影日のアポイントを取る（メール編）

取材対象が決まったら、次は正式に撮影日のアポイント（約束）を取ります。

初回のゴールは、アポイントのメールを送信することです。先生のほうで送信するメールの例文を作成しておいてください。以下は、メールの一例です。参考にしてください。

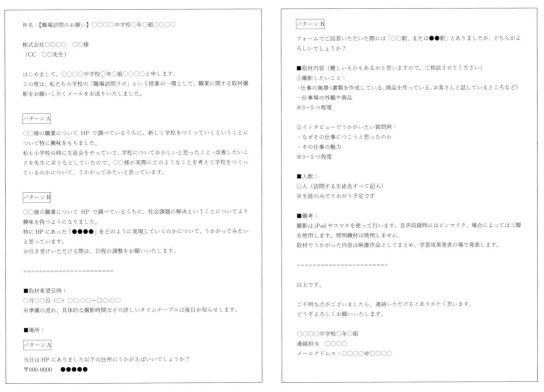

▲ アポイントのメールの一例

メールの例文を、子どもたちに配ります。自分たちで書き直さないといけないところについて、色ペンで線を引き、グループメンバーで線を引いた箇所を見せ合います。そして、グループとして何を書くかを検討し、メールの文章を完成させます。

 アポイントメールのポイント

・マナーとして正しく書けているか

・相手に伝わるように書けているか

「撮影希望日」については、基本的に学校側で決めた撮影予定日とします。学年全体で実施する際、どうしても決まった日に撮影可能な取材先を選ぶしかない場合もあります。「訪問予定時間」は、学校を出発する時間を基準にしたスケジュールで考えます。取材先までの道のりを調べ、たとえば1時間かかるのであれば余裕を持って30分プラスするなどの工夫が必要です。アポイントの段階では、滞在するおおよその時間帯を伝えておき、「詳しいタイムテーブルは後日お知らせします」としてください。

メールの内容が決まったら、外部との連絡担当がメールを書きます。メールを書き終わったら、先生が内容をチェックして、合格であれば取材先のメールアドレスを教えます。メールを送信する際は、CCに担当の先生のメールアドレスを入れるように指示してください。宛名は「△△株式会社　○○様（CC：××先生)」とします。なお、グループ全員のメールアドレスをCCに入れるのは混乱のもとなので避けてください。

外部との連絡担当には、「メールの返信が来たあとの仕事も責任を持って担当すること」「取材先からの返信内容で再度こちらからの返答が必要な場合は、必ず担当の先生と返答内容を相談すること」を確認しておいてください。

 Tips　**Film Educator直伝！ここがポイント**

目指すは、脱LINE

ほとんどの子どもたちにとって、コミュニケーションの主な手段はLINEです。「電話をかけたことがない」「メールは送ったことがない」「FAXなんて知らない」、そんな子どももたくさんいます。FAXを送信したあと、手元に紙が残るので、届いていないと思って送り続けた、というエピソードもあります。

まずは、メールやお問い合わせフォームなど文字を使った方法から始め、続いて「FAXを送る」「電話をかける」というように、外部とのアクセス方法のハードルを少しずつ上げていきましょう。さまざまな手段を使い、ふだん接する機会の少ない外部の人とコミュニケーションを取ることで、社会とのリンクが生まれます。

6-4　ステップ3 整理・分析 ——④撮影前の構成（1コマ）

撮影日が決まったら、撮影内容について、整理・分析し、何をどんな順番で撮影するのか、インタビューで何を聞くのかなど、撮影の構成を考え、全体像を把握します。

「構成を考える」とは、撮影・編集などの「作業」の前に、完成映像の目的と全体像を吟味することです。誰に、何を伝えたいか、観た人にどのような行動をとってほしいかまで目的を具体的に考え、全体の構成をまとめた構成表をつくります。まず撮影前に、撮影する「アクション・イメージ・インタビュー」をまとめた構成表をつくり、撮影後、編集の実作業に入る前に、本編の全体像（骨格）を把握できる構成表をつくります。

やること

リサーチや下見した内容を参考に、撮影したい内容を洗い出す

構成要素ごとに付箋を使って色分けする

この時間のゴール

・どんな撮影をするかのアイデアが出ている（どんな映像を撮るか、インタビューで何を聞くか）

・撮影する各構成要素が決まり、撮影内容の全体像を把握している

▶ リサーチした内容を参考に、撮影したい内容を洗い出す

取材対象が決まり、撮影日のアポイントが取れたら、撮影までに付箋を使って全体の構成を考えます。

5分の映像作品をつくるためには、5分間撮影すればよいと思ってしまう人が大半です。しかし、実際は、撮影した映像を編集するので、**完成尺の少なくとも3〜5倍の映像が必要**です。映像のプロの仕事では、1時間以上撮影して、使うのは1分以下ということもあります。そのため、たくさんの映像を撮っておく必要があり、何を撮るのかは、事前に決めておかなければなりません。

まずは、リサーチした内容を参考に「こんな映像を撮りたい」「こんなことを質問したい」というアイデアをできるだけたくさん、紙に書き出してもらいましょう。「本当にこんな映像を撮れるのかな」という迷いは、いったん脇に置いておくように指示し、アイデア出しは5分間など時間を区切って行うのがよいです。

書き出したアイデアが抽象的な場合は、より具体的になるように分解させます。たとえば、「料理をしているところ」だと抽象的すぎるので、「フライパンでお肉を焼いているところ」「食材を切っているところ」「盛り付けしているところ」など具体的な内容に分解して考えるよう促してください。

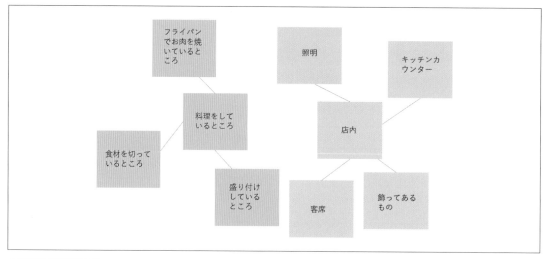

▲ 構成要素の分解の例

▶ 構成要素ごとに付箋を使って色分けする

　制限時間になったら、アイデアをグループ内でシェアする時間を取りましょう。そして、出たアイデアの中から、「絶対に撮影したいところ」「絶対に聞きたい質問」を決めます。決まったら、今度は、インプットで学んだ「アクション」「イメージ」「インタビュー（質問）」の3要素に分解して考え、色の違う付箋にそれぞれの要素を書いていきます。

全体の構成要素

- アクション（ピンク）　＝被写体に動きのあるもの
- イメージ（青）　　　　＝動かない被写体。商品・情景・ロゴなどの資料的なもの
- インタビュー（黄）　　＝質問・聞きたいこと

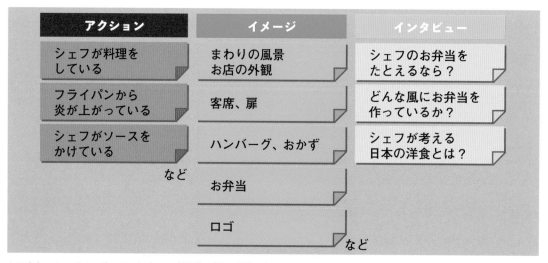

▲ アクション、イメージ、インタビュー（質問）ごとに付箋に書き出す

書き終わったら、各要素を模造紙やホワイトボードに貼って、全体の構成を見てみましょう。枚数が少ない要素がある場合がほとんどです。3つの要素すべてを同じ数にする必要はありませんが、少ない要素は書き加えるように促してください。

　なお、全体の構成は以下のようになります。付箋に書き出した要素は、**本編**部分になります。本編のほかに、エンドロールを作成する場合は、撮影当日に、本編部分以外のメイキング映像的なオフショットも撮影します。この段階で、子どもたちに説明しておいてください。オフショットとは、本編のあとの**エンドロール**に使うために撮影するものです。みんなで駅に向かうところ、機材の準備をしているところ、インタビュー撮影中にインタビュアーやカメラマンも映し込むメイキング的なカット、機材を片づけているところ、撮影の前後のグループメンバーの一言コメントなどを横画面で撮影します。

全体の構成

本編

オープニング⇒展開⇒まとめ

　　　　　＋

エンドロール

メイキング映像的なオフショットをバックにスタッフロールが流れるもの

　本編がどういうもので、エンドロールがどういうものかは、実際の映像を観ていただくのが一番わかりやすいでしょう。具体例として、以下の2つの映像を視聴してみてください。

◀ **例1　本編：0:00〜**
エンドロール：5:59〜
「養蜂業と環境とそれから私」

制作：ドルトン東京学園中等部
https://book.impress.co.jp/closed/
eizo_edu/Chap6_mov02.html

◀ 例2　本編：0:00〜
　　エンドロール：6:12〜
　　「金賞に輝く歯科技工士
　　　〜ハンディキャップを強みに」

制作：ドルトン東京学園中等部
https://book.impress.co.jp/closed/
eizo_edu/Chap6_mov03.html

ステップ2 情報の収集、ステップ3 整理・分析のゴールは、**撮影前に、どんな映像作品にするのか構成を考えて、撮影内容の全体像を把握していること**です。「撮影」はそれぞれの要素（素材）を集めるための手段の1つなので、構成を考えてから撮影に挑むことができるように準備しましょう。

なお、付箋を使って構成を考える作業は、Google Jamboardやロイロノートの付箋機能などを使って進めてもよいでしょう。

Tips　**Film Educator直伝！ここがポイント**

構成は撮影・編集のベース

　ドキュメンタリーでは一般に、文字で表した映像の設計図のことを構成台本と呼びます。映画やドラマでいうところの、シナリオと同じです。撮影、そして編集をするときはこれがベースになってきます。

　学校で行う実践では、構成台本までを作成するのは実質的に難しいので、全体の構成を、付箋を使って考え、まとめるのがよいでしょう。撮影前に、構成をしっかりと考え、作っておかないと、必要な素材を撮影できていなかったり、意図とは違うものを撮影してしまい、整理がつかなくなったりします。その結果、次工程の編集作業で膨大な時間を費やし、追加撮影が必要となることもありえます。また、訪問当日の時間管理のためにも不可欠です。1回の訪問で撮影・取材をすべて済ませるのが基本ですが、訪問時に撮影できないような場面、たとえば、お客さんとの商談や会議、1人での作業、日常生活や家族のコメントなどは、取材先に依頼して、スマホで撮影して後日送ってもらうという方法もあります。これはなかなか子どもたちだけでは思いつきません。もし依頼するなら、何を撮ってもらうのか具体的に提示する必要があるので、構成段階で考えておく必要があります。

「画コンテ」は必ずしもいらない

　ドキュメンタリー撮影では、第4章で説明した「画コンテ」の必要性はさらに薄くなります。撮影前の構成がしっかりできていれば、取材場所に行って、取材対象者に会って、いろいろなバリエー

ションのアクションやイメージ、インタビューを撮って、素材の選択肢を増やしたほうが編集をするときの可能性が広がります。タブレットやスマホには機動性があり、撮っている映像をリアルタイムで観ることができ、その場ですぐに再生して確認することができます。一方で、画コンテをきっちり作ってしまうと、「その通りに撮ること」に縛られてしまい、新たなアイデアや別の視点の創出などのクリエイティブの可能性が薄れてしまうことがあります。

　先生方が想定しているのは、ストーリーボードやイメージボードと呼ばれる、おおまかな映像のスケッチのケースが多いです。撮影前の構成と編集前の構成をしっかり考えたうえで、さらにスケッチを描くのならよいかもしれません。ただし、絵を描くことが苦手な子どもがつまずくことがよくあるため、子どもたち自身でイメージ写真を撮ってみたり、意図するもののイメージに近い写真やイラストをインターネットから収集したりして、それらを組み合わせてつくるほうがよいでしょう。画コンテについての詳細は、第4章を参照してください。

6-5　ステップ4-1　素材集め ── ⑤撮影（事前準備）（4コマ）

　撮影当日、スムーズに進行できるよう、事前準備をしっかりと進めていきます。役割分担を決めたり、タイムテーブルや質問内容のリストを作成して取材先に送ったり、インタビューの練習をしたり、やることはたくさんあります。チェックシートやワークシートを用意して、順番に進めていくことをおすすめします。

🎬撮影の流れ

```
┌─────────────────┐
│  撮影の事前準備  │
│（当日のタイムテーブルの作成、│
│  質問項目のピックアップ）│
└─────────────────┘
        ↓
┌─────────────────┐
│       撮影       │
│ アクション→インタビュー │
│    →イメージ    │
└─────────────────┘
```

やること

- 撮影当日の役割分担を決める
- 撮影当日のタイムテーブルを作成する
- 質問内容をリストアップして、タイムテーブルとともに取材先へ送る
- インタビューの練習をする

この時間のゴール

・撮影当日の役割分担とタイムテーブルが決まっている
・取材先に質問内容のリストと当日のタイムテーブルを送っている
・インタビューの準備が整っている

▶️ 撮影当日の役割分担を決める

撮影当日、スムーズに進行するために、役割分担をしておきます。

▶ 撮影日を通じての役割

進行係 スケジュールを管理する人

- 移動時間や到着時刻などスケジュールを確認、時間管理をして進行する
- 撮影時のタイムテーブル（後述）を確認、時間管理をして進行する
- 撮影当日、取材先へ流れの説明

当日連絡係 外部との連絡を担当する人

- 撮影当日、学校、場合によっては取材先と連絡を取る

機材・データ管理係 データを管理する人

- 撮影当日、撮影用機材（タブレット、三脚）、ピンマイクを安全に運び、持ち帰る
- タブレットの充電を完了しておく、データを確実に保存する

▶ インタビュー撮影時の役割

カメラマン ※担当が2〜3人の場合は、1人がメイン、残りがサブのカメラマン

- 構図を決め、タブレットでメインの映像を録画する（メイン）
- 撮影中に映像を調整する（メイン）
- 撮影の開始と終わりの合図を出す（メイン）
- ゲストの全身もしくはアップなどのアクセントとなる映像を、スマホを使って撮る（サブ）
- メイキング映像的なオフショットを撮る（サブ）

インタビュアー ※担当が2人の場合、1人はインタビュアーの補助をする

- ゲストから話を引き出す
- インタビュアーの補助（タイムキーパー、質問に詰まったときのヘルプなど）
- 準備ができたら、ゲストを構図を決めた位置に案内する

スタンドイン&マイク ※3

- 構図をつくるとき、ゲストの代わりをする
- ピンマイクを準備して、テストをする
- ゲストが来たら、自分の位置と入れ替わる
- ゲストにピンマイクを付け、撮影が終わったら外す

※3　スタンドインとは、撮影準備が整うまで、ゲストの代役を務める人のこと。

▶️ 撮影当日のタイムテーブルを作成する

同じく、撮影当日、スムーズに進行するためにタイムテーブルを作成しておきます。タイムテーブルは、自分たちの確認用と取材先送付用の2つを作成してください。

タイムテーブル　自分たちの確認用

1. あいさつと撮影の流れの説明　5分
2. アクションの撮影　30分　※撮りながら何が魅力かを考える
3. インタビュー準備　10分
   - 機材のセッティング、スタンドインが入って構図を決める。ピンマイクのテストをする
   - ゲストが来たら、ピンマイクを付ける
4. インタビュー撮影　20分
   - インタビュアーが質問し、カメラマンが撮影する。終わったらスタンドインがピンマイクを外す
5. イメージの撮影　15分
6. 片づけ～あいさつ　5分

タイムテーブル　取材先送付用

1. ごあいさつと撮影の流れのご説明　5分
2. お仕事場面の撮影　30分
3. インタビュー準備　10分
4. インタビュー撮影　20分
5. 外観や内観などの景色、商品や資料などの撮影　15分
6. 片づけとごあいさつ　5分

インタビューはイメージしやすいと思いますが、人はいきなりマイクを向けられてもなかなか思うように話すことができませんし、ゲストから話を引き出すことも案外難しいものです。事前に質問内容のリストを送っておいたり、事前にインタビューの練習の時間を取ったりしましょう。

▶️ 質問内容をリストアップして、タイムテーブルとともに取材先に送る

すべての撮影を1回の訪問で済ませることが基本なので、インタビュー撮影に使える時間は限られています。質問内容を最低10個はリストアップして、聞く優先順位をつけておきます。イ

ンタビューの最初の質問では、肩書と名前を答えてもらうとスムーズに話に入れ、また、肩書きをきちんと把握できます。

　質問内容が決まったら、事前に送る質問内容のリストを作成します。取材対象者に、どんなインタビューになるのかをイメージして、おおよその答えを考えてきてもらうために送るものなので、おおまかな内容で大丈夫です。事前にあまり細かく伝えすぎると、答える内容をあれこれ考えてしまい、頭の中のシナリオを読み上げるような不自然な答えになってしまったり、場合によっては答えのメモを用意してそれを読み上げてしまったりといったことが起こります。そうなると、思いが言葉や表情に表れたインタビューにはなりませんので、注意してください。

　質問内容のリストが作成できたら、取材のタイムテーブルと合わせて事前に取材先に送っておきましょう。タイムテーブルも送ることで、全体の取材時間を双方で事前確認できるようにします。

▶ インタビューの練習をする

　取材当日までに、インタビューの練習をします。具体的な方法については第2章を参照してください。それぞれの役割で当日のリハーサルをしてみましょう。

カメラマン

　ゲストや機材の配置から、撮影の開始と終了の合図を出す流れを確認しましょう。撮影中はゲストの動きに合わせて、パン棒を使って構図を調整する練習もしておきます。撮影当日は、ゲストの仕事やキャラクターをイメージさせるような背景を考えて構図をつくります。

▲カメラ2台（サブカメラ）を意識した配置

インタビュアー

　質問事項を確認して、グループ内でシミュレーションをしておきましょう。相づちは声に出さずに深くうなずくことに加えて、答えやすい質問から始めることも忘れずに。また、準備ができたらゲストを呼び、撮影場所に案内するといった流れも確認しておきます。

スタンドイン＆マイク

　ピンマイクに不具合がないか確認しておきます。さらに、当日のゲストの服装に対応ができるよう、いろいろな服でピンマイクを付ける練習しておきましょう。また、ゲストの代わりをするところからピンマイクを外すまでの流れを確認しておきます。

インタビュー練習の流れ

1. **スタンドインが入って構図を決める**
   ※人物や機材の配置は第2章（p.43）を参照

   ▶ ゲストの位置にスタンドインが代わりに入って、カメラマンが構図を決める

2. **スタンドインがピンマイクのテストをする**
   ※テストの仕方は第2章（p.51）を参照

   ▶ スタンドインがピンマイクのテストをしている

3. **ゲストがスタンドインと入れ替わる**

   ▶ インタビュアーがゲストを呼びに行き、ゲストが案内されてきたらスタンドインと入れ替わってもらう

4. **スタンドインがゲストにピンマイクを付ける**
   ※付け方は第2章（p.52）を参照

   ▶ スタンドインがゲストにピンマイクを付ける

5. 準備が整い、インタビューを撮影する

▶ 撮影のすべての準備が整う

・撮影開始

まず、カメラマンがRECボタンを押して録画をスタートする。

カメラマンが「3・2」と指と声でカウントして、「(1・どうぞ)」とジェスチャーだけで合図する。

インタビュアーが質問を始める。

インタビュアー「よろしくお願いします」

◀インタビュー撮影の開始：解説動画

https://book.impress.co.jp/closed/eizo_edu/Chap6_mov04.html

・撮影終了

ゲストの話を聞き終わったら、インタビュアーが「以上になります」と声をかける。

カメラマンは十分に間を取ってから、RECボタンを押して録画をストップする。

インタビュアー「以上になります」

◀インタビュー撮影の終了：解説動画

https://book.impress.co.jp/closed/eizo_edu/Chap6_mov05.html

6. スタンドインがゲストからピンマイクを外す

▶ スタンドインがゲストからピンマイクを外す

インタビュー練習のポイント

　ほとんどの子がインタビューのスタートと同時にRECを押し、終わったと思ったらすぐに停止してしまいます。インタビューの始まりと同時にRECボタンを押して録画をスタートすると、答えの冒頭が欠けることがあります。また、インタビューの終わりと同時にRECボタンを押して録画をストップすると、終わった直後のよい表情やコメントが出たりしたときに撮り逃してしまうので、注意してください。

　なお、ドルトン東京学園中等部の実践では、学校出発～撮影終了のあいさつまでの予定を記載した「撮影日のしおり」を担当の先生が作成して子どもたちに配布しました。次年度の実践では、準備段階の授業でワークシートを埋める形で子どもたちがしおりを作成しています。このように、学校側でできる準備や工夫も行ってください。

6-6　ステップ4-2　素材集め ── ⑤撮影（撮影当日）（2コマ）

　いよいよ撮影当日です。事前準備をしっかりして、当日に臨みましょう。

やること

撮影日のしおりで当日の最終確認をして、取材先に向かう

アクション→インタビュー→イメージの撮影をする

最後にきちんとあいさつをして、撮影したデータを確実に持ち帰る

この時間のゴール

・遅刻・忘れ物をせずに取材先に到着し、撮影を終えて無事学校に戻る

・取材先に失礼のないように、事前にお知らせしている内容に沿って進行し、取材先との信頼関係を築けている

・アクション→インタビュー→イメージの3要素を撮影している

▶ 撮影日のしおりで当日の最終確認をして、取材先に向かう

　撮影は、おそらく、どの子どもにとっても初めての体験です。当日気をつけることやタイムテーブル、構成表などを記載した「撮影のしおり」を作成して、前日もしくは当日の朝に、最終確認をして、取材先に向かうようにしてください。

▶ アクション→インタビュー→イメージの撮影をする

　撮影当日は、タイムテーブルをもとに進行します。取材先についたら、まずは、全員であいさつをして、その日の撮影の流れを説明します。取材先も子どもたちもインタビュー撮影がまず頭にあるので、撮影の段取りを改めてきちんと伝えて、お互いに再認識します。

　最初に必ず、30分ほど使って、アクションの撮影を先に行います。何がその仕事の魅力か、その人物の魅力かを、密着して撮影しながらしっかり観察します。

　「撮影のポイント」を見るとわかるように、アクションの撮影はとても重要です。つい、インタビューをメインに考えがちですが、魅力が伝わるドキュメンタリー映像の目的は、取材対象の魅力を見つけ、それを伝わるように表現することです。その点は、事前準備の段階で繰り返し伝えてください。

　その後、準備をして、インタビュー撮影をします。事前に用意しておいた質問項目に加えて、当日のアクションの撮影で感じた魅力を伝えたり、新たに生まれた質問を加えたりしてもよいでしょう。映像を撮ることも大切ですが、取材対象と深くコミュニケーションを取り、信頼関係を築くことが最も重要です。

🎬 撮影のポイント

まず、カメラを向けて密着する
徹底的にその人、その仕事を知る
何が魅力かを考える

→ アクション

お話を聞く

→ インタビュー

イメージカットを撮る

→ イメージ

　なお、アクションとイメージは、かっちりしすぎずに、普段スマホで撮影する感覚で直感的に自由に撮ってかまいません。そのほうが臨場感がある映像になります。取材対象の魅力が伝わるために、関係者の一言コメントやメッセージがあるほうがよいと感じたら、その場でお願いして撮影したり、話を聞いてメモしたりしてもよいでしょう。

　イメージ撮影は、たとえ動きのない風景でも10秒以上録画しておきます。静止画をつなげたスライドショーではないので、動画の流れの中に静止画が入ると違和感が出るためです。また、必ず横画面で撮影します。スマホで撮る場合は特に注意が必要です。さらに、エンドロールに加えるメイキング的なオフショット映像も撮影しておくようにしましょう。いかに多くの映像素材を集めることができるかで編集の可能性が変わってくるので、なるべく多くの映像を撮るように話しておいてください。具体的な撮影方法の詳細については、第2章を参照してください。

Film Educator直伝！ここがポイント

インタビューという言葉は危険！

　ドキュメンタリー制作では、インタビューは、あくまで撮影の1工程（編集の1素材）になります。インタビュー取材に行くというと、子どもたちは、「インタビュー＝取材先への訪問＝撮影」と捉えがちです。この認識だと、ただのインタビュー動画（コメント動画）になってしまいます。働く場所や働く人、仕事の様子をしっかりと観察して、それを撮影して、仕事の内容や思いを理解してから、インタビュー撮影をすることを目指してください。

　一方、取材先にも誤解が生じやすいといえます。取材先も「インタビュー＝話を聞くこと」と捉えていて、インタビュー以外でカメラを回すとは思っていなかった、ということがしばしばあります。いざカメラを向けると、「え、撮影するの？　聞いてない」となり、トラブルに発展したケースもあります。ささいなことかもしれませんが、使う用語次第で意識づけが変わってくるので、お話を聞くインタビュー取材ではなく、仕事の様子や働く場所の撮影も含めたインタビュー取材であるということを丁寧に伝える必要があります。

▶ 最後にきちんとあいさつをして、撮影したデータを確実に持ち帰る

　すべての撮影が終わったら、最後に全員できちんとお礼のあいさつをして、取材先をあとにします。ここで取材先とよい関係性を作って多くことが大切です。後日、追加で欲しいイメージ素材をお願いして送ってもらったり、インタビューに不足があれば、オンラインで再取材、もしくはコメント動画として送ってもらったりといったことができる可能性が高くなります。

　そして、**確実にデータを保存して持ち帰ること**が最重要事項です。データ管理係には、特に気をつけるように声がけしておいてください。データをどこにどのような方法で保存するのかは、学校によってルールがある場合はそのルールに従うよう指示し、学校に戻ったら**バックアップを取る**など撮影データを確実に保存するようにしましょう。

6-7 ステップ5 まとめ
── ⑥編集前の構成（1コマ）／⑦編集作業（4コマ）／⑧中間発表・修正（2コマ）

　撮影が終わったら、撮影した映像素材をもとに、編集前の構成を考えて、編集作業に入っていきます。実際に編集アプリを使って編集の実作業を始めるのは、**完成映像の構成を考えてから**になります。この段階で、最初のオリエンテーションで説明した「授業プログラムの全体像の把握（p.126）」を見直しておきましょう。

撮影した素材の整理・分析をし、
この魅力が伝わるドキュメンタリー映像の目的を考える

インタビュー内容の整理・分析をする

3つの構成要素（アクション、インタビュー、イメージ）ごとに
色分けして付箋に書き込み、編集前の構成を完成させる

編集前の構成をもとに編集作業を始める

中間発表をし、修正する

この時間のゴール

・編集作業の前に構成を考える
・編集前の構成をもとに編集作業をする
・中間発表をし、改善点がわかっている

▶ 撮影した素材の整理・分析をし、
この魅力が伝わるドキュメンタリー映像の目的を考える

　実際に撮影を終えると、事前に想定していなかった映像（アクション、イメージ）が撮れたり、インタビューで思ってもみなかったような話や言葉がもらえたりすることがよくあります。意外なリアクションや表情などを改めて整理・分析します。整理・分析の結果を受けて、この魅力が伝わるドキュメンタリー映像で、観ている人にどんなことを伝えたいのかを考えます。ここで制作する映像の目的は、Dalton Expoに来校する大人のゲストが、「取材した働く"人"とその"仕事"」に興味を持つこと」「その"人"に会ってみたくなる、その"職場"に行ってみたくなること」です。それを踏まえて、しっかり言語化させてください。

　　例「レストラン大宮」のシェフとそのお弁当の魅力が伝わり、買ってもらう

▶ インタビュー内容の整理・分析をする

　インタビューに関しては、別途、内容の整理・分析を行います。インタビュー素材を実際に観ながら、質問と答えを手分けして書き出します。書き出したら、重要と思われるものを5つを目安にピックアップします。なお、可能なら、文字起こしアプリを使ってインタビューの文字起こしをしてもよいでしょう。文字起こししたテキストを印刷して、重要なところをマーカーで引くというやり方もあります。

例

質問：なぜ○○という仕事に就こうと思ったのですか？

答え：小さい頃から絵やプラモが好き。手先が器用だったから。

質問：○○の魅力とは？

答え：この仕事はやりがいがあります。たとえば、しっかりしたものを作って感謝された
り、腕を磨くのが楽しかったり、自分よりうまい人の仕事から刺激をもらってもっといい
ものを作ろうと競争することも楽しいです。

ピックアップした質疑応答部分も、そのまま使うのではなく、さらに吟味して、「ここは本人
が話している様子を丸ごと使おう」「この部分は長く話しているのでつまんで、強調したいとこ
ろはテロップを入れよう」といった検討が必要になってきます。第2章でも触れましたが、「質
問の内容とその答えが違っているけれど、よい回答だから映像に使用したい」という場合は、映
像で使用したい答えに合わせて、質問を変えてしまってもかまいません。なお、インタビューの
最初の質問で肩書と名前を答えてもらい、その2つをテロップで出すようにするとよいでしょう。

▶ 3つの構成要素ごとに色分けして付箋に書き込み、編集前の構成を完成させる

実際の撮影素材の編集は、編集前の構成をもとに作業を進めていくことになります。撮影素材
とインタビュー内容の整理分析ができたら、編集前の構成を完成させます。ここで、全体の構成
をおさらいします。

全体の構成

本編 5分以内

オープニング⇒展開⇒まとめ

　　　＋

エンドロール 1分以内

メイキング映像的なオフショットをバックにスタッフロールが流れるもの

ここでは、本編部分の構成を考えます。撮影前に考えた構成をベースに、新たな要素を加えた
り、いらない要素は除いたり、取捨選択して、さらにブラッシュアップしていきます。自分たち
のねらいに合わせて、撮影した素材を3つの構成要素（アクション、イメージ、インタビュー）
ごとにそれぞれの色の付箋に書き込んで、完成映像の流れを考えながら、タイムラインに沿って
模造紙に並べていきます。付箋を貼った模造紙やそれを写真に撮ったものが構成表となります。

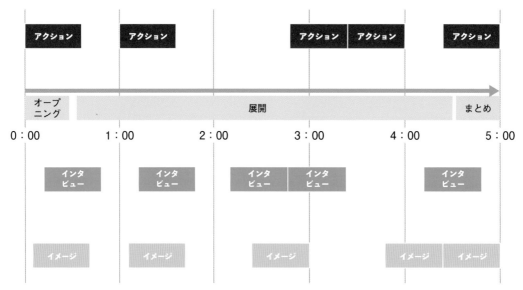

▲ タイムラインに沿って構成要素を書いた付箋を並べた構成表

　タイムラインの時間はあくまで目安で、それぞれの要素を書いた付箋をどんどん貼っていきましょう。ポイントは、**何をどんな順番で見せるか**、そして**全体像（骨格）**を構成することです。5分の完成尺に対して、「こんなにいっぱいあるの？」となるぐらいがよいでしょう。次工程の編集アプリを使った編集の実作業では、この構成表に沿って、すべての素材データをタイムラインに並べてから、全体の流れを見ながら引き算の発想で短くしていきます。

▶ 編集前の構成をもとに編集作業を始める

　第2章でも述べましたが、編集とは、簡単にいうと**意図を持って素材を取捨選択し、つなげたり並べ替えたりする作業のこと**です。昨今の子どもたちも、私たちの世代も、完成された映像にすっかり慣れ親しんでいます。撮影素材から一部を切り出して、その順番を入れ替えたり、テロップやBGMを入れたりして1つの映像が完成することは、容易にイメージできるでしょう。この作業が編集です。

　なお、編集アプリの基本操作はできるようになった状態で、体系だった編集作業に進んでください。子どもたちは、作業をする中で編集のやり方をどんどんスキルアップしていきますし、4コマもあれば、編集アプリのテクニカルな操作方法については、YouTube動画コンテンツなどで自主的に学んでいくものです。

　ただし、以下の順番は必ず守るように繰り返し伝えてください。

> カット編集をして全体を尺に収める
>
> ↓
>
> 効果を付けて加工する

　子どもたちには、どうしてもはやる気持ちがあるので、カット編集をして全体を尺に収めることよりも、ビジュアル的な変化がはっきりわかる「効果を付けて加工する」ことを楽しんでしまいます。その結果、中間発表で、「最初の1分しかできていません」ということになりがちです。重要なのは、**全体像（骨格）をつくって、細部を作り込んでいく**という引き算の発想です。加えて、以下の3つも伝えてください。

> ・編集前に全体の構成を考えて、映像のゴールと全体像（骨格）を把握し、今どの段階の作業をしているのかを意識すること
> ・効果を付けるときは、なぜその効果を付けるのかを考え、意図を持って加えること
> ・映像制作は表現の手段の1つであり、映像としてのクオリティ追求に終始しないこと

　また、編集作業に入る前に、役割分担をします。グループで1つの映像を制作する場合、全員同時に編集アプリを使って編集の実作業をすることができません。役割分担をすることで、誰か1人に作業が集中して、ほかのメンバーが手持ち無沙汰になるのを防ぐこともできます。

　役割分担はしますが、それぞれが割り当てられた作業をすればよいということではなく、定期的にプレビューを繰り返して、**クリエイティブなことはグループ全員で考え、決めていくこと**を徹底してください。なお、時間がない場合、編集アプリを使った編集の実作業は課外でやることが多いですが、プレビューは授業内で設定するのがよいです。そのほうが、スケジュールも立てやすいでしょう。

　編集アプリを使った本編の編集実作業は、基本的に1人が担当することになります。授業でやる場合は時間的な制約があるため、編集アプリのスキルが高い子が、パソコンやタブレットを使って実作業を担当するのが現実的ですが、それは先生の指導方針に合わせていただくのがよいでしょう。本編の編集実作業の担当以外の子は、以下の作業を担当します。

第6章　総合的な学習（探究）の時間②──ドキュメンタリー制作　魅力が伝わるドキュメンタリー映像編

本編の編集実作業以外でやること

本編

- テロップの作成

  インタビューの必要箇所を文字に起こして整文する

  人名や地名や年月日などを確認する
- タイトルを考える

  適切なメインタイトル、サブタイトルなどを考える
- BGM を考える

  選曲して複数の候補曲を出す
- イメージの素材を集める

  昔の写真、資料となる図表、ネット記事、ロゴなどをスキャンしたり取り寄せたりする

エンドロール

- 各自のスマホなどで撮ったオフショット（動画、静止画）を集める
- オフショットを取捨選択して、1分にまとめる
- BGM を考える
- スタッフロールをテキストで書き出す

  スタッフの役職や名前、関係箇所の名称、使用楽曲のタイトル、協力者の名前などを

  集めて間違いのないように確認する

編集アプリを使った実作業以外にも、やることはたくさんあるので、一部の人に負担がかかりすぎないように、グループで協力して作業を進めるように指導してください。

　具体的な編集の方法については、第2章で詳しく説明していますので、そちらを参照してください。ここでは、魅力が伝わるドキュメンタリー映像制作における、編集の作業工程を確認します。なお、プレビューも中間発表も一般的には「試写」といいますが、ここでは「プレビュー」はグループ全員で始めから終わりまで止めずに観て、改善点を議論して、どう作業をするのかを決めること、「中間発表」はクラスや学年全体で観て先生からフィードバックを受けることと定義します。

魅力が伝わるドキュメンタリー映像編集の作業工程

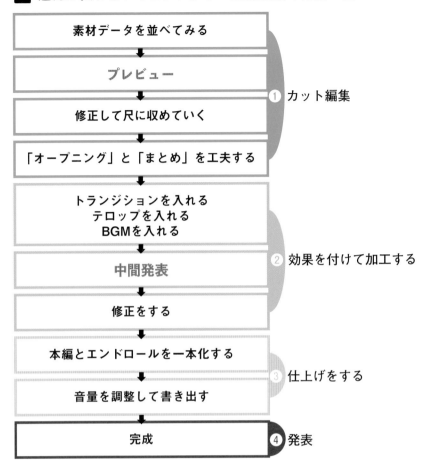

編集前の構成に沿って、読み込んだ素材データをタイムラインに並べて、まずは全体像（骨格）をつくっていきます。この段階では、**完成尺の2～3倍以上になっているのがあるべき姿**です。ここで一度プレビューしたうえで、つまんだり、順番を入れ替えたり、細部を詰めて、尺に収めるべく引き算をしていきます。編集作業中は、**魅力が伝わる**意図を常に持たせるようにしてください。

何度かプレビューを入れながら、だいたいの尺に収めていきます。全体像（骨格）をつくるのが最優先で、効果を付けての加工はまだです。だいたいの尺に収まってきたら、「オープニング」と「まとめ」の見せ方を工夫するように声がけしてください。

続いて、トランジション、テロップ、BGMなど、効果を付けて加工していきます。一気に完成させる必要はなく、やはり何度かプレビューを入れながら細部を作り込んでいきます。場合により、カット編集に戻ることもあれば、追加撮影や動画データを取材先から提供してもらって補うこともあります。そういったプロセスがすべて学びとなります。

進捗状況はグループによるとは思いますが、編集工程の2/3ぐらいのタイミングで中間発表を行い、フィードバックを行います。ここからさらにブラッシュアップをして仕上げていきます。インタビュー音声やBGMなど音のバランス調整にも気を配る必要があります。なお、エンドロールは本編と同時進行でつくり、最後に追加します。エンドロールについては、ある程度自由につくってもかまいません。

　クリエイティブな事項の判断は定期的にプレビューしてグループ全員で決定し、本編の編集担当が編集アプリを使って実作業を行って完成形にしていく、という流れです。

Film Educator直伝！ここがポイント

インタビューの編集のコツ

　インタビューの撮影素材を見直すと、言葉に詰まったり、言い間違えたりに加え、思いのほか「えー」「あのー」を連発していることに気づきます。こういった余分なところをケバといいます。編集の際は、よい表情をしているので残したいという場合などを除き、つまむのが基本です。ただしそれが続くと、ぎこちなさを感じさせてしまうので注意が必要です。つなぎ目に1秒以下のディゾルブのトランジションを入れると、スムーズに見えます。

オープニングとまとめ、そしてエンドロール

　おおよその流れが決まってきたら、オープニングやまとめを考えてもらいます。オープニングは、観る人の心をつかんで興味を持つように、まとめは、本編としてきれいに終わらせる工夫が必要です。

　オープニングとまとめをつくる際、YouTube動画などの模倣 —— まず自分たちが登場して「○○に行ってきます！」から始まって最後にまた自分たちが登場して「行ってきました！」で締めたり、いいねとチャンネル登録を促すことがデフォルト化しているため「ご視聴いただきありがとうございます！」が最後に入るなど —— になりがちです。YouTubeでは、オープニングはイントロなどといわれ、10秒以内に視聴者を引きつけないとスキップされてしまうため、3〜5秒でインパクトを与える必要があります。このような特徴を持つYouTube動画と、ドキュメンタリー映像は区別して考えてください。

　もちろん、ドキュメンタリー映像でも発想は一緒で、視聴者の興味づけに当たるのがオープニングです。プロの映像制作ではオープニングをどうつくるかにこだわります。映画やドラマであればファーストシーンをどう見せるか。そこで観客の心をつかんで、作品の世界に入り込ませる必要があるからです。どうつくるかは自由ですが、プロの視点でヒントをいうと、たとえば、

- 5分尺の作品だと、30秒から1分程度、BGMに乗せて本編のダイジェスト（名場面）を短く見せる
- BGMが盛り上がるところでタイトルを出す
- 仕事を一言で表現したインタビューの一場面を出す
- テロップで視聴者に問いを立てる

などの方法があります。取材対象がキーワードを話したカットをちりばめて、ノリのよいBGMを入れ、曲が盛り上がったところでメインタイトルが入るハイライト集のようなオープニングも、この作品がどういう内容なのかを想起させるため、映像を観る側が入り込みやすくなります。この方法は、「アバンタイトル」や「アタック」などと呼ばれます。上記のいずれの方法も、先が観たくなるオープニングをつくるテクニックです。

まとめをどうつくるか、その表現方法ももちろん自由ですが、同じくプロの視点でのヒントをいうと、

- 5分尺だと30秒から1分程度、BGMに乗せて、取材対象が仕事や人生観などを語っているところやその表情を見せる
- つくり手として思ったことや感じたことをテロップで見せる
- 商品や仕事を短いカットで見せる

などの方法があります。まとめは、観終わったときに、初めて観る人が、その「人」とその「仕事」に興味を持ち、その「人」に会ってみたくなる、その「職場」に行ってみたくなるような動機づけになるようにしましょう。

エンドロールつくりで息抜きとフリーライダー対策を

まとめとエンドロールは別物です。オープニングとまとめは、本編に含まれ、画面の中の主人公を取材対象に制作しますが、エンドロールについては、主人公を自分たちにして、YouTube的につくってもよいでしょう。映像制作は作業工程も多く、気をつけなければいけないことがたくさんあります。エンドロールに関しては、自由な発想で楽しんでつくってもよいようにすれば、息抜きにもなりますし、フリーライダー※4対策にもなります。

BGMやテロップの挿入

必要な部分にテロップの挿入とBGMの挿入を行いますが、この作業は全体の流れができてからにしてください。先にテロップやBGM入れてしまうと、全体を見たときに、流れにそぐわなかったり、バランスが悪かったりした場合に、最初からつくり直さなければならない可能性があるからです。BGMは、音源のサブスクリプションサービスを利用できると、多種多様なものからイメージに合ったものを選べます。なお、映像の終わりでBGMが一緒に終わらない場合は、徐々に音量を小さくして自然に終わるように編集してみましょう。また、冒頭は台詞と音楽を同時に始めないようにし、少し話してから、ゆっくり音楽をフェードインします。

テロップの挿入方法は、第2章を参照してください。メインタイトルや名前などの表示時間は、つくり手が落ち着いて3回読めるくらいが適切です。

※4 フリーライダーとは、ただ乗りする人（対価を支払わず利益を得る人）のこと。ここでは、作業をほかのメンバーに任せてしまって、自分は何もしない子どものことを指します。

▶ 中間発表をし、修正する

　作品発表の本番までに、必ず中間発表の時間を設けてください。中間発表では、次の観点でフィードバックします。

フィードバックの観点
① 初めて観る人が内容を理解できるか？
②「魅力が伝わる」かどうか？

　②には意識が向きますが、編集に集中すると①の観点がおざなりになります。「いつ・どこ・だれ」のような基本情報が忘れ去られてしまうのです。中間発表はそれを伝えるよいタイミングです。

　中間発表の仕上がり具合の理想ラインは、次のⒶとⒷです。しかし、そこまで到達していなくても、Ⓒを最低ラインとしてください。

中間発表の仕上がり具合：OKのケース
Ⓐ 始めから終わりまでの全体の展開がわかり、半分ぐらいは効果が付いて加工されている状態
Ⓑ 本編とエンドロール、それぞれが観られる状態
Ⓒ ［最低ライン］本編のみ、尺＋1分程度に収まって全体の展開がわかる状態（加工なしでもOK）

　ただし、次のような場合は、NG（不可）とし、先生が入って、構成や役割分担、スケジュールを再検討します。

中間発表の仕上がり具合：NGのケース
- 尺の1.5倍以上になっている
- 一部分しかなくて（その一部分が細部まで作り込まれていたとしても）全体の展開がわからない状態

　中間発表は1コマなので、すべての作品を観るのではなく、事前に先生が視聴して良い点、悪い点をピックアップしてフィードバックしやすい数本を選抜しておいてください。それを観せな

がら、子どもたちが自分たちの作品に反映しやすいように解説するのがよいでしょう。

魅力が伝わるドキュメンタリー映像の制作は初めて、という子どもがほとんどです。

- 編集の進捗状況の確認
- 目指す目的とずれていないかを確認
- 違うグループの作品を観て、フィードバックし合うことで、改善点を見つける

など、中間発表にはたくさんの意義があります。

　中間発表にあたり、現段階の映像データを書き出す必要があります。映像データを書き出す際、**始めと終わりに、黒または白一色で無音の映像を3〜5秒ずつ付ける**ようにしてください。再生時の操作をスムーズにし、終わったときに余韻を残すためです。上映時に、映像データをプレゼンソフトに入れ込んでしまえば、それほど苦になりませんが、映像データを1つずつ開いていくときには、このような余白が欲しいところです。完成作品を書き出すときも同様にしてください。

　中間発表後に各グループで改善点を相談し、完成に向けて、編集作業の仕上げをしていきましょう。

Tips Film Educator直伝！ここがポイント

テーマにブレがないように

　映像制作では、テーマを見失ってしまうことがよくあります。作業が多岐にわたり、制作期間が長いためです。特に、撮影や編集作業で、タブレットやパソコンなど機材を使って実作業をしていると起こりがちです。機材を使う作業を止めて、客観的にテーマを見つめ直す時間を取るようにしましょう。本書では、映像のプロの視点で、よりよい映像作品にするためのポイントをたくさんお伝えしていますが、学校の実践においてあくまでも映像は表現手段の1つです。その実践で目指す目的に合致したものになっているかのほうが重要なので、プロのテクニックはできる範囲で取り入れるだけで十分です。

タブレットやパソコンに向かうときは作業のみを行う

　「クリップとクリップをどうつなぐか」「どんなBGMを入れるか」などは構成表上で考えて、編集のゴールをイメージしてから編集アプリを使った実作業を行うようにしてください。タブレットやパソコンに向かってから考え始めてしまうと、時間がどんどん過ぎ去っていきます。編集アプリを起動したら、**作業のみを徹底して行う**のが効率よい方法です。どうしても時間が足りない場合は、編集アプリを使った実作業のみ課外としてもよいでしょう。

細部にこだわらずに大局を見ていく

　おおまかにつないで全体を見ながら、カット編集でだんだんと内容を詰めていき、効果を付けて加工する段階で細部を作り込んでいくようにしてください。映像は立ち止まらない芸術です。現在進行形で進んでいき、時間的には不可逆が前提です。ですので、映像を観る側が全体を通してどう感じるか、どう思うかです。ある一点だけにとらわれることはほとんどないといってもよいでしょう。

　作業のみを徹底といいましたが、もちろん迷いは出ます。「ここの間をどうしよう」「ここの言葉を入れるか入れないか」などなど。コツは、迷ったらとりあえずそのままにしておいて、次に進めていくことです。大局的に見たら取るに足りないことです。筆者の感覚的には３分迷ったら次へです。全体の流れで見ると、さんざん迷っていた箇所が気にならなかったり、別の箇所を修正したくなったりします。そして構成表上で、改めて編集のゴールをイメージします。そのうえで、「再び作業に入る」「全体を見て細部を修正する」、この繰り返しでブラッシュアップができます。

しゃべっている内容にテロップは必要？

　しゃべっている言葉のすべてにテロップを入れることをコメントフォローといいます。バラエティから報道番組まで、今ではあらゆるところで目にします。むしろしゃべっている内容の一字一句にテロップが入っているのが当たり前のように感じている方も多いのではないでしょうか。YouTube などはそれがデフォルトです。ですので、それを観て育った世代にしてみたら、コメントフォローしなければならない、と考えてしまいます。

　確かに視覚的に内容が把握できるので、理解しやすいという良さもありますが、観客や視聴者はテロップを読むことに気を取られていて、表情を読み取ったり、景色を味わったりなど、映像そのものを観ることがおざなりになってしまいます。映像を観ているとき、人は「白くて光って動くもの」を追う習性のようなものがあるためです。そのため、映画館で上映するような硬派で骨太なドキュメンタリーでは、コメントフォローをしないこともよくあります。また、キーワードをしゃべったところだけにスポット的に入れて印象的にする場合もあります。今回の実践例では、スポット的に入れるように指示しました。それは、コメントフォローに気を取られずに、取材対象の表情をしっかりと見せるためです。誤解しないでほしいのですが、テロップ自体がダメということではありません。たとえば、会社・人物・場所の名称、年月日や数値データ、事実関係や経過説明などには、もちろん入れてかまいません。どれが正解というものはありません。最終的に誰にどんな目的で観せるかによります。ですので、あらかじめ方針を決めておくようにしてください。

◀ **コメントフォローした映像**
制作：TMS 東京映画映像学校
https://book.impress.co.jp/
closed/eizo_edu/
Chap6_mov06.html

◀ コメントフォローしていない
映像

制作：TMS 東京映画映像学校

https://book.impress.co.jp/
closed/eizo_edu/
Chap6_mov07.html

倍速にしたがる子どもたち

　通常の速度で視聴するのは、現代の子どもたちにとって間が持たないといわれます。また、しゃべっていないところは不必要とも。それもあってか、子どもたちの映像制作では、長い動画素材（といっても10〜15秒）は、倍速にしてはめ込む傾向があります。撮影した素材を観て、使いたいところをつまむ（＝取捨選択する）ことで、尺を合わせる作業をめんどうくさがります。わからないことが出てきたら、ぱっと検索して「答えらしきもの」にすぐに行き着くという習慣も関係しているかもしれません。

6-8　 ステップ6 　発表 ── ⑨発表（1コマ）／⑩振り返り（1コマ）

　いよいよ発表です。およそ3か月かけて取り組んできた実践の発表なので、会場設営にも気を配りたいところです。ただし、発表がゴールではありません。それぞれの映像作品にフィードバックをもらい、振り返りの時間を持って、初めてゴールとなります。

やること

> 会場の設営をし、発表（上映）のリハーサルをする

> 発表（上映）し、それぞれの映像作品にフィードバックをもらう

> この授業プログラム全体の振り返りをする

▶ 会場の設営をし、発表（上映）のリハーサルをする

　発表（上映）会場は、できる限り集中できる場所、講堂やホールがベストですが、手配が難しければ、視聴覚室など大きめの教室でもよいでしょう。

会場は、可能な限り真っ暗にしてください。遮光カーテンで光が漏れてくるようでしたら、段ボールなどで窓の隙間をつぶしてください。わずかな光でも空間の緊張が崩れてしまいます。

　スクリーン（もしくはモニター）もできる限り大きめのものを用意して、前の人の頭が邪魔になるのを防ぐために、なるべく高い位置に設置してください。映像作品は、アスペクト比「16：9」で制作しているので、プロジェクター、モニターのアスペクト比を「16：9」に設定してください。出力するパソコンやタブレット側で設定が必要な場合もあります。ここを間違うと、横や縦に伸びた映像になってしまいます。

　音量の調整も必要です。電子黒板やテレビモニターを使う場合はたいてい大丈夫ですが、プロジェクター内蔵スピーカーから音を出す場合は、音量があまり大きくないため、場合によってはスピーカーを別に設置する必要があります。プレゼンテーションがあるので、マイクの準備も忘れずに。

　観客については、できれば外部の方を呼びましょう。外部の方が参加することで、まったく雰囲気が変わって緊張感が出ます。観客が入ることで、単なるクラス発表や学年発表ではなく、「上映イベント」になるのです。

　まず、取材したゲストに声がけしましょう。これは先生からでなく**子どもから**にしてください。完成映像と発表を目にしたとき、「この授業プログラムに関わってよかった」と喜んでくれるでしょう。営利目的ではありませんから、これが一番の感謝の印となります。

　そして、ほかのクラスの子どもたちや先生、管理職や事務方、保護者にも声をかけてみてください。授業で映像制作を行ったものの、まわりの先生方や保護者になかなか理解を得られなくて苦労したという話をよく耳にします。この場に参加してもらうことで、取り組みの意義を理解してもらえるでしょう。

　なお、この実践例であるドルトン東京学園中等部では、探究・学びの成果を発表するDalton Expoでの発表がゴールで、初年度は作品の審査もありました。観客からの投票のほか、映像のプロがゲスト審査員をすることで、より意義のあるイベントとなります。ただ、講評や審査をお願いするにしても、探究・学びの成果発表の手段としての映像であることを事前に共有し、その意義を理解したうえで講評・審査してもらえるようにしてください。

　会場の設営が終わったら、完成映像の上映チェックとプレゼンテーションのリハーサルを行いましょう。

発表前の映像チェック項目

☐ 映像作品のデータが入ったパソコンやタブレットをプロジェクターにつなぐ

☐ プロジェクターできちんと映像が流れるかを確認する

☐ プロジェクターのアスペクト比を確認する

☐ 音声が正しく流れるか確認し、映像ごとに適切な音のレベルを調整・確認する（映像作品ごとに音のばらつきがあるため）

　なお、**発表（プレゼンテーション）は、感想を述べる時間ではありません。**たとえば、「楽しかった」「おもしろかった」「大変だった」というのは単なる感想です。感想ではなく発表であることをしっかりと伝えて、**この授業で学んだことや映像作品の目的**などをプレゼンテーションするよう指導してください。

▶ 発表（上映）し、それぞれの映像作品にフィードバックをもらう

　いよいよ、発表（上映）会です。各グループ順番に上映を行います。観客には、発表後、感想（評価／審査）をフィードバックしてもらえるように準備しておきましょう。

 フィードバックの内容

☐ 取材した働く「人」とその「仕事」に興味を持ちましたか？

☐ 観終わってから、その「人」に会ってみたくなったり、その「職場」に行ってみたくなったりしましたか？

☐ 魅力が伝わった場面はどこでしたか？

☐ 観ていて心が動く言葉はどこでしたか？

　すぐに再生できるように機材をセッティングし、作品のプレゼンテーションをしてから、上映します。

　発表終了後、観客からのフィードバックや感想をもらう方法については、学校の事情や状況に合わせてください。

- その場で直接聞く
- 配布用紙に記入してもらう
- アンケートフォームに入力してもらう

など、どんな方法でもかまいません。審査をする場合は、

- その場で挙手してもらう
- 投票用紙を集める
- 投票用フォームのQRを配布し、スマホで投票してもらう

などの方法があります。もし、映像のプロなど外部審査員を招いている場合は、講評をしてもらってもよいでしょう。

▶️ この授業プログラム全体の振り返りをする

発表会が終わったら、必ず、振り返りの時間を取ります。特に、イベント的に発表会を開催した場合は、子どもたちも先生もそこで達成感を感じて終了となりがちですが、あくまでも授業の取り組みとしての実践なので、振り返りの時間を持って、初めてゴールになります。

ここで、第1章で取り上げた「未来を生き抜くための5つのチカラ」を思い出してください。

① 協働作業ができる
② 多様性を理解する
③ 社会とのリンク
④ メディアリテラシー
⑤ 学び続ける

この実践を通じて、「変化の激しい未来を生き抜く5つのチカラが身についたか」「身につくまではいかなくとも、それらへの意識づけができたかどうか」という確認につながる振り返りにしたいところです。以下に、5つのチカラについて、振り返りの観点をまとめました。

 振り返りの観点
① 話し合い、協力できたか
　（締め切りを守ったか、作品の完成形がルール通りになっているかなど）
② インタビューした人に対して、仕事の捉え方について興味を持ったか
③ メールを打てるようになったか
④ 情報の受け手ではなく、発信する側の意識を持てたか
⑤ また映像をつくりたくなったか

　ここでの体験が、子どもたちにとって人生を変える「きっかけ」になったのなら、この取り組みは大成功といえるでしょう。

　　あなたはこの映像制作を通じてどんなことを得られましたか？

　子どもたちにこんな問いかけをしてディスカッションしてみましょう。

　子ども同士のディスカッションのあと、気づきを発表させると、

「スケジュール管理の大切さがわかった」
「役割分担の必要性を感じた」
「知らなかった仕事について詳しく知れた」
「外部の人とコミュニケーションが取れてうれしかった」
「5分の映像をつくるのに、あんなに時間がかかるとは思わなかった」
「たくさんの素材を自分たちで考えて組み合わせるのがおもしろかった」

など、さまざまな答えが返ってきます。それぞれの答えが、5つのチカラのどれにひもづくか、子どもたちとともに考え、対話し、落とし込んでください。

　子どもたちは、2020年の春先からコロナ禍により、みるみるうちに世界の姿が変わっていく現実を生きてきました。そして2022年、遠い異国の戦争という現実も目の当たりにし、先が見えない世界を生きていることを実感しています。そんな時代を生きているからこそ、「この5つのチカラが必要不可欠であること」、そして「この実践を通じて5つのチカラが身につき始めている」という気づきが得られるよう、ファシリテートしてください。

先生の趣旨説明が重要

外部の方を観客として招待した発表では、最初に先生から観客に対して、映像を発表の手段としていることをしっかり伝えてください。そこをはっきりと伝えないと、観客は映像の出来不出来の評価に終始してしまうからです。もちろんそれは想定されますし、致し方ないことではありますが、この実践例である魅力が伝わるドキュメンタリー映像の目的は、取材対象の魅力を見極め、その魅力が伝わることです。映像のクオリティではなく、発表の目的に合った評価や審査、フィードバックをもらえるように配慮する必要があります。

繰り返し行える実践

魅力が伝わるドキュメンタリー映像制作の実践例をもとに、映像制作をどのようにして総合的な学習（探究）の時間の取り組みにカスタマイズできるかを説明してきました。

映像制作のよいところは繰り返し行えることです。先生も子どもたちもその都度、新たな気づきがあり、回数を重ねるたびに新たな工夫が加わります。そもそも、テーマや取材対象は、1つとして同じものがないので、可能性は無限大です。さらに、メイキング映像を撮影しておけば、目的に応じて編集し、授業の紹介としても、学校のPRとしても、新しい映像を制作することができます。まさに答えのない取り組みですから、繰り返し実践を行っていただくことをおすすめします。

実践者の声

●清水佑太／ドルトン東京学園中等部・高等部
「職場訪問×映像制作」——魅力が伝わるドキュメンタリー映像の授業実践

より生徒が主体的になれるような職場訪問の授業をつくりたい —— そんな思いを持っていたとき出会ったのが山﨑達璽さんでした。何度か打ち合わせを重ね、そもそもどういった「目的」で授業を行うのか、映像制作ということを「手段」としたときにどのような化学反応が起こるのか、徹底的に議論をし、最終的に以下の3本の軸で授業をつくっていくこととなりました。

① 仕事を知る（実際に働いている人にインタビューを行い、仕事現場を見ることで、職業観を膨らませる）
② 仕事をする（魅力を伝えるドキュメンタリー映像制作という一連のプロセスをたどることで、仕事とはどういうことかを追体験する）
③ メディアリテラシー

実際に3か月の授業を経て、生徒の振り返りアンケートの回答を見ると、生徒がさまざまな成長を感じていることがわかります。実際の回答をいくつか紹介します。

・仕事に対しての考えが変わった（義務ではなく楽しむもの、楽しませるもの）
・仕事は案外堅苦しいものではないと思うようになった。仕事をするのが楽しそうだと思った（仕事をしてみたくなった）
・働いている人の中でやりがいを持ってやっている人は本当に楽しそうだと思った。

・ふだんネットの情報でブラックとかそういう偏見しか知らなかったが、実際に仕事場に行ってみることで、その人その人なりの苦労とかやりがいが知れて、もっと将来に対してワクワク感を持つようになった。

・グループの中で意見がたくさん出て、それをまとめるのが難しかったです。チームをまとめる力が身についたと思います。

・本当の仕事のように期限を守り、相手とメールをしながら進めていくことで責任感がついたと思います。

「働くこと」について生徒たちがふだん接するネット情報では、「ブラック企業」などマイナスなイメージの情報が少なくありません。アンケート結果を見てもらえばわかるように、そんなマイナスのイメージが、個人にフォーカスをして取材をすることでプラスのイメージに塗り替えられている様子が見てとれます。これはメディアから情報を得たり、単に職業訪問や体験をしたりしただけではなく、生の人間に取材を行い、その人の魅力を引き出そうとしたからこそ知りえたことです。

このように生徒の振り返りから、「仕事を知る」が単なる職種理解のレベルではなく、本当の意味で達成されていること、実際に本物の仕事のプロセスを追体験することによって、将来仕事をするときに必要になる責任感やチームワークなどが自然と身についたこと、「仕事をする」ことに対して楽しさやおもしろさを感じてくれたこと、メディア情報からは物事の一面しか見えないことを、実感を伴って学んでくれたことがわかります。この授業実践が、生徒たちにとって、「主体的」かつ「本物の学び」であったと確信しています。

山﨑達璽の実践事例

● ドルトン東京学園中等部（2年）
本章で扱った実践の初年度の作品。

▲ 金賞に輝く歯科技工士
　　〜ハンディキャップを強みに

https://book.impress.co.jp/closed/
eizo_edu/Chap6_mov08.html

講評 Dalton Expoで最優秀賞と観客賞をW受賞した作品。取材対象の人柄や信念に寄り添いつつも、客観的な視点をしっかりと持っていることが高く評価できる。筆談のインタビューの表現方法にも工夫を凝らしている。

▲ 養蜂業と環境とそれから私

https://book.impress.co.jp/closed/
eizo_edu/Chap6_mov09.html

講評 Dalton Expoで審査員特別賞に輝いた作品。養蜂業を起点にして、経営者の思いや社会問題まで視点を広げようとする、大人びた作品。観る側に問いかける構成もよくできている。

● **探究学舎（小学生対象）**
「お仕事訪問×プロモーション映像制作」と題して、5時間×3回に凝縮して実施。

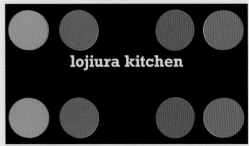

▲lojiura kitchen

https://book.impress.co.jp/closed/
eizo_edu/Chap6_mov10.html

講評 インタビューといい、食品の撮り方といい、とてもよくできている。音楽やテロップの入れ方など編集もバランスが取れていてよい。

▲ 花のサンライズ

https://book.impress.co.jp/closed/
eizo_edu/Chap6_mov11.html

講評 子どもたちの好奇心や真摯な姿勢が伝わり、店主さん思いや素敵なコメントが引き出せている。

平井聡一郎の総括

第6章では、これまで示してきた映像表現の作品制作に関するテクニックを、実際の授業でどう活用するかを事例を通して説明しています。さまざまなテクニックが用いられていますが、特に大切なことは**目的を意識すること**だと考えています。ドキュメンタリーの中でも魅力が伝わるドキュメンタリー映像に注目しているのは、まさに目的が明確な作品制作だからでしょう。この目的が具体的で明確にすることで、授業に一本の筋道ができ、構想から最後の発表、フィードバックまで、ブレることなく展開できるようになります。本文では**細部にこだわらず大局を見る**と述べられています。これが、目的が作品制作の拠り所となるということでしょう。

何を伝えたいのかという**目的**が明確になると、次に大切なのが**構成**です。つまり、どのように伝えるかということですね。ここまで来るとあとは撮影するだけなので、構想こそが、この授業をプロジェクトとして成立させるポイントといえるでしょう。ですから、第6章で示された**「撮影の前構成」「タイムテーブル」「編集前の構成」を考える活動が重要**ということです。本事例は中校生の取り組みですが、実施する学年やリテラシーによって、内容を簡素化するなどアレンジすることも大切になるでしょう。これは、本章で説明された、さまざまなテクニックについても同様です。すべてをやるのではなく、ポイントを押さえつつ、学習者のレベルに合わせて、適宜、活用してください。

第7章

総合的な学習（探究）の時間③

——ドキュメンタリー制作

テーマを考えさせるドキュメンタリー映像編

　本章では、テーマを考えさせるドキュメンタリー映像制作の実践事例を紹介します。

7-1　授業までの事前準備

7-2　オリエンテーション（2コマ）

7-3　企画会議、撮影前の構成を考える（3コマ）

7-4　取材先へのアポイント、撮影依頼（1コマ）

7-5　インタビューの仕方（3コマ）

7-6　撮影前準備（3コマ）

7-7　撮影当日（2コマ）

7-8　編集の準備、編集前の構成を考える、編集作業（2コマ）

7-9　編集作業、中間発表＆修正（6コマ）

7-10　発表、振り返り（1コマ）

本章では、第5章で説明したドキュメンタリー制作のフローを使った、テーマを考えさせるドキュメンタリー映像を制作する授業プログラムの実例を見ていきます。神奈川県にある北鎌倉女子学園の中学2年生を対象に取り組んだ実践です。第6章で取り上げたドルトン東京学園と同じ中学2年の学年全体が対象ですが、前者が100数名なのに対し、こちらは21名と少人数での授業です。

北鎌倉女子学園は、2019年「Apple Distinguished School」に認定され、「先進的な学びの時間」という特別授業（週2回、計3コマ）の枠で、iPadを使ってドキュメンタリー制作に取り組みました。CBL（チャレンジベースドラーニング）の一環として、課題として設定したテーマを生徒の目線で取材するテーマを考えさせるドキュメンタリー映像の制作です。

テーマを考えさせるドキュメンタリー映像を制作する授業プログラムでは、どんなことでも課題になりえます。なるべく身近で、共感しやすく、さらに答えが1つではない、正解がないようなものに設定するのが効果的です。この実践では、「鎌倉とコロナ禍〜宗教はコロナ禍にどう向き合っているか？」というテーマを課題として設定しました。鎌倉は、仏教・神道・キリスト教の3つの宗教施設が共存する地域性があり、さらに、まじめな生徒の多い伝統校での実践で地域の協力が得やすいということもあり、あえて難しいテーマを選びました。

この授業プログラムでは、すべての時間、先生と一緒に対面指導を行いました。2021年9月末にスタートして、撮影までの準備に12コマ、撮影に2コマ（＋課外）、編集から発表まで9コマの計23コマを使った実践です。

7-1　授業までの事前準備

事前準備として、授業開始までに担当の先生と何度か打ち合わせを重ね、

- テーマ設定
- 取材候補先のリストアップと事前打診
- 機材や編集アプリの準備
- 音楽素材の準備
- グループ編成

を進めておきました。加えて、子どもたちがグループワークやプレゼンテーションに慣れるために、「鎌倉市の宗教施設を調べてグループでプレゼンしてみよう」と題したミニワークを担当の先生が実施してくださいました。

7-2 オリエンテーション（2コマ）

授業プログラムの全体像を把握するためにオリエンテーションを実施します。

やること
講師の自己紹介
課題のオリエンテーション （完成作品のサンプル映像を観ながら、どんな内容で制作するのかを考える）
授業プログラムの全体像の把握

この時間のゴール

・講師の人となりを理解して、映画監督の仕事や映像業界のイメージができている

・この授業プログラムで制作する作品のテーマ、スケジュール、撮影内容、完成形がイメージできている

▶️ 課題のオリエンテーション

まずは、

- ドキュメンタリーとは何か
- テーマを考えさせるドキュメンタリー映像とはどんなものか

を理解するためにインプットの時間を取ります。コロナ禍における宗教のあり方を描いた既存のドキュメンタリー作品を観てから、この2つについて子どもたちとディスカッションしながら考察しました。

　考察の中で、**ドキュメンタリー**とは、課題（テーマ）を設定して、事実を記録し、記録した素材を取捨選択してまとめたものであることを説明しました。そして、より具体的にイメージできるよう、この実践において、**記録する**とはiPadを使って撮影することであり、**取捨選択**とはiMovieを使って素材を編集することであると補足しました。

▲ドキュメンタリーとは何かについてのレクチャー

　次に、サンプル映像を視聴してから、映像の中にどのような要素が含まれるのか考えてもらいました。

サンプル映像を構成している要素

- インタビュー（住職、神職、参拝者）
- 景色（駅、街、境内）
- イメージカット（ネット記事、新聞記事、お経、お供え物）
- テロップ（文字）
- 音楽

　「ドキュメンタリー制作＝インタビュー撮影」と捉えてしまう子どもが多いですが、このように分解して検証することで、映像が複数の要素の組み合わせで構成されていることを理解できます。この実践は、インタビュー中心ですが、イメージ（動画、静止画）も入れ込んで制作していきます。

　ここまでのインプットを完了してから、今回の授業プログラムで制作するドキュメンタリーの課題（テーマ）を提示しました。

▶ 授業プログラムの全体像の把握

　授業プログラムの全体像を把握するため、以下の内容を共有しました。

🎬 授業の流れ

- 取材先を決めて、取材先についてリサーチをする

⬇

- 撮影前の構成を考える

⬇

- 撮影日のアポイントを取る

⬇

- インタビューのやり方を学び、練習する

⬇

- 撮影

⬇

- 編集の準備、編集前の構成を考え、構成表を作成

⬇

- 編集、中間発表、修正

⬇

- 発表、振り返り

▶ **企画概要**
- 制作物　：「鎌倉とコロナ禍」をテーマに、鎌倉市内にある寺院・神社・教会を訪ね、それぞれの宗教がコロナとどう向き合っているかを取材したテーマを考えさせるドキュメンタリー映像を制作する
- 期間　　：9月29日〜11月24日
- 撮影日　：10月26日
- 発表形式：ゲストを招いたスクリーン上映

▶ **完成形態**
- 尺は5分
- インタビュー、イメージで構成されたもの
- ナレーションはなし
- コメントフォローは、強調したいところだけ（ただし、録音状態が悪い場合は必要）
- BGMは本編の1/3以内（有料の音源サイトから選曲する）
- スクリーン上映を想定して、アスペクト比を16：9にする

▶ **撮影内容**
- 撮影は、できるだけ1回の訪問で完結する
- インタビューを撮る
- イメージを撮る（10秒以上の動画、静止画）
- 撮影機材はiPadを使用し、イメージについては各自のスマホを使ってもよい
- インタビュー撮影時にはピンマイクと三脚を使用する

▶ **グループ編成**
- 3人で1グループ
  スケジュールを管理する人／外部との連絡を担当する人／データを管理する人

7-3 企画会議、撮影前の構成を考える（3コマ）

授業プログラムの全体像を把握し、テーマ設定ができたら、いよいよ具体的にプログラムを進行していきます。

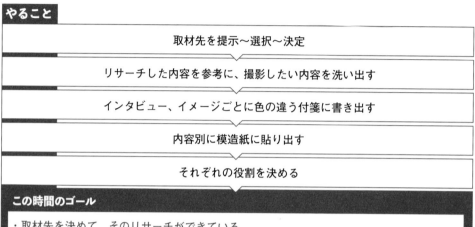

やること

取材先を提示〜選択〜決定

リサーチした内容を参考に、撮影したい内容を洗い出す

インタビュー、イメージごとに色の違う付箋に書き出す

内容別に模造紙に貼り出す

それぞれの役割を決める

この時間のゴール

・取材先を決めて、そのリサーチができている
・撮りたい映像のアイデアが出ている（インタビューで何を聞くか、どんな動画を撮るか）
・構成要素が決まり、撮影内容の全体像を把握している
・役割分担ができている

▶ 取材先の決定、リサーチ

事前に打診しておいた取材候補先10か所の中から、グループごとに第1希望と第2希望を出してもらい、取材先を決めました。グループは、3人1組で計7グループです。最終的に以下の7施設に決まりました。

寺院：建長寺、浄智寺、常楽寺
神社：荏柄天神社、鶴岡八幡宮
教会：カトリック雪ノ下教会、鎌倉雪ノ下教会（プロテスタント）

取材先が決まったら、取材先がどこにあるのか（場所）、どんな宗教なのか、その宗教や施設の歴史、映像映えしそうなところはどこかなど、インターネットでリサーチします。参拝者数のデータやニュースなども参考にするよう声がけしました。

▶ 撮りたい映像のアイデア出し

リサーチした内容を参考に、どんな動画を撮るのか、集める素材についても考えました。付箋を使って、次のように色分けして書き出し、模造紙に貼りました。この段階では、まだおおまかなアイデア出しです。

- インタビュー（ピンク）
- 風景（黄）
- 写真（緑）
- データや資料（オレンジ）

▲ 付箋を使ったアイデア出しの様子

▶ 撮影前の構成を考える

前の授業で出したアイデアをさらにブラッシュアップして、撮影全体の構成を考えていきます。制限時間を設けて、「こんな映像素材を撮りたい」「こんなことを質問したい」というアイデアを、できるだけたくさん、より具体的に分解して書き出してもらいました。たとえば、

- 住職が毎日している仕事の内容を時系列で聞く
- 参拝者が鈴を鳴らしているところ
- 緑に囲まれた参道
- 教会の屋根の十字架

などです。インタビューの質問項目については、いろいろな答えを聞き出すために各グループ、10個以上はリストアップしてもらいました。

制限時間になったら、アイデアをグループ内でシェアする時間を取ります。出たアイデアの中から、「絶対に撮影したいところ」「絶対に聞きたい質問」、さらに撮影の優先順位も決めました。

質問例

- 普段はどんなお仕事をしていますか？
- 自粛期間はどうしていましたか？
- コロナ禍の前と今ではどんな違いがありますか？
- コロナについてどんなことを祈っていますか？
- お参りに来る人たちに変化はありましたか？
- これからの信仰にどんな変化がありそうですか？

　構成要素が決まったら、色分けして付箋に書いた各要素を模造紙やホワイトボードに貼って、全体の構成を確認します。ここで、始めから終わりまでの展開をイメージしてしっかり考える時間を取りました。この授業プログラムでは、インタビューが中心となるため、質問内容について特によく吟味するように伝えました。

▶ 役割分担

　最後に、グループごとに「スケジュールの管理をする人」「外部との連絡を担当する人」「データを管理する人」の3つの役割それぞれの担当者を決めてもらいました。

7-4　取材先へのアポイント、撮影依頼（1コマ）

　取材先が決まり、企画会議が終わったら、今度は正式に撮影日のアポイントを取ります。この実践では、「取材先に電話をして撮影のアポイントが取れている」ということをゴールに設定して、授業を進めました。

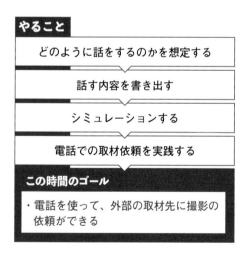

やること

どのように話をするのかを想定する

話す内容を書き出す

シミュレーションする

電話での取材依頼を実践する

この時間のゴール

・電話を使って、外部の取材先に撮影の依頼ができる

▶️ 取材先に連絡する

　実際に電話をかけるのは、「外部との連絡を担当する人」が担当しますが、取材先に電話をかける手順のレクチャーは全員に行いました。また、取材先に伝える内容については、グループで考えてもらいました。

▲ 取材先に電話をかけている様子

取材先に電話をかける手順

1. どのように話をするのかを想定する
2. 具体的に話す内容を書き出して整理する
3. グループ内→先生とシミュレーションをする
4. 実際に電話をかけてアポイントを取る

広報担当者と話す順番

1. 名乗る（学校名・名前）
2. 用件を伝える（「書面でお伝えしたドキュメンタリーの撮影の件でお電話しました。」）
3. 担当者に替わってもらう（「担当の方をお願いします。」）
4. 具体的な内容を話す（スケジュールなど）
5. 質問事項など撮影の内容を送る連絡先を聞く（メールアドレスかFAX番号か）
6. 担当者の名前を確認する
7. お礼を言って、もう一度名乗る

撮影希望日については、基本的に学校側で決めた撮影予定日とします。訪問予定時間は、学校を出発する時間を基準にしたスケジュールで考えます。取材先までの道のりを調べ、たとえば1時間かかるのであれば余裕を持って30分プラスするなどの工夫が必要です。

伝える内容
- **スケジュール**

  10月26日　△△時から□□時ごろ

  →　都合が合わない場合は、候補日時を提案する
- **撮影内容**

  iPadを使ってインタビューの撮影（準備15分、撮影30分）

  インタビューの前後で景色や建物などの撮影

  →　撮影のほかに、資料写真や映像を借りる場合はお願いする
- **訪問人数**　3人
- **質問内容**

  「宗教はコロナ禍にどう向き合っているか」というテーマでの質疑応答
- **確認事項**

  口頭で伝えた内容を改めて書面で取材先に送るために、取材先の都合のよい送信方法と、あわせてメールアドレスかFAX番号、送信する宛先（担当者名）を確認

　伝える内容が決まったら、外部との連絡担当が電話をかけます。伝える内容をまとめた紙を見ながら、漏れのないように伝え、返答は必ずメモを取るように指導しました。また、電話をかける担当には、

- アポイント以後の取材先とのやり取りも責任を持って担当すること
- 取材先から連絡があり、再度こちらから折り返す際には、必ず担当の先生に連絡内容を相談すること

を再確認しました。最初のアポイント以後のやり取りがメールになる場合は、引き続きメールの送受信も担当してもらいました。

7-5　インタビューの仕方（3コマ）

　アポイントが取れて取材先が決定したら、実際の撮影に向けてインタビューの仕方を学び、事前練習をします。

やること

機材の使い方を学び、実践する（カメラ機能→マイクの順）

インタビュー撮影時の役割分担をする

グループごとにインタビューの練習をする

この時間のゴール

・iPad、三脚、ピンマイクを使うことができる
・インタビューの役割分担ができる
・インタビュー撮影ができる
・取材者としての質問ができる

▲iPadを三脚に取り付ける様子

　機材の使い方や役割分担、インタビューのやり方については、第6章の6-5節 **ステップ4-1**（p.137）で説明した内容を実践していますので、そちらを参照してください。

▲ 人物や機材の配置の練習をしている様子

▲ シミュレーションをしている様子

7-6 撮影前準備（3コマ）

撮影当日、スムーズに進行できるよう、事前準備をしっかりと進めていきます。抜け漏れがないように、チェックシートやワークシートを用意して、順番に進めていくことをおすすめします。

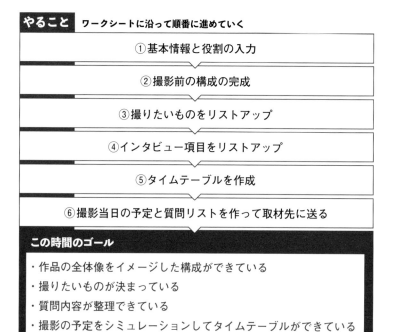

やること	ワークシートに沿って順番に進めていく

① 基本情報と役割の入力

② 撮影前の構成の完成

③ 撮りたいものをリストアップ

④ インタビュー項目をリストアップ

⑤ タイムテーブルを作成

⑥ 撮影当日の予定と質問リストを作って取材先に送る

この時間のゴール
・作品の全体像をイメージした構成ができている
・撮りたいものが決まっている
・質問内容が整理できている
・撮影の予定をシミュレーションしてタイムテーブルができている
・メールやFAXの書面を作成して、送信することができている

担当の先生が撮影前準備用のワークシートを作成し、そのワークシートに沿って進めていきました。撮影内容の構成についてはじっくり取り組んでいるので、ここでは撮影内容全体をしっかりとイメージでき、撮影当日のインタビューの流れやタイムスケジュールをシミュレーションできている、という状態を目指しました。

さらに、撮影前に、もう1コマ使って、インタビューの練習と最終チェックを行いました。

Tips Film Educator直伝！ここがポイント

....

準備に時間をかける
　学校での実践は、完成作品のクオリティよりもプロセスを重視します。そのため、撮影までは10コマ以上の時間をかけてしっかりとした準備を行います。内容の構成に始まり、取材のアポ取り、機

材の使い方、インタビューの練習などです。アポイントの電話もインタビューもハードルが高いことを承知でやってもらっています。ドキュメンタリー制作にチャレンジすることは、変化の激しい未来を生き抜くための5つのチカラを育てることにつながり、5年後、10年後に子どもたちの人生を大きく前進させる経験になるはずです。

7-7 撮影当日（2コマ）

第6章の6-6節 ステップ4-2 （p.143）で説明した内容で実践しました。北鎌倉女子学園では、インタビューの練習をしっかりとやっていたので、撮影時の注意点としては、

- イメージの撮影は、静止画だけでなく一度につき10秒以上の動画も撮影すること
- インタビューを撮るときは、その場所の特徴を感じられるような背景を意識すること

などを補足しました。また、

- 編集のときの参考になるので、施設のパンフレットや資料をもらってくること
- 訪問時の撮影で撮れなさそうな素材は、取材先に撮影を頼んで送ってもらうこと

も説明しました。こういった発想は、なかなか子どもたちからは出てきません。どんな映像や写真が欲しいか具体的にリストアップして、自分たちで用意できないものは頼む──人に何かをお願いする行為は、社会とリンクすることでもあります。

▲建長寺での撮影の様子

▲カトリック雪ノ下教会での撮影の様子

▲浄智寺での撮影の様子

▲常楽寺での撮影の様子

撮影は、1回（2コマ）の授業内で全グループ行うのが理想ですが、この実践では取材先の都合もあり、課外（主に放課後）も可としました。全7グループの撮影を終えるまで、1週間程度かかりました。撮影日として設定した授業日に、すでに撮影が終わっているグループには、これから撮影に行くグループにアドバイスをしたり、素材の確認や、BGMの選曲など編集作業前にできることをやってもらったりしました。北鎌倉女子学園では、以下の有料の音源サイトの音楽素材を使用できたため、サンプル音源を聞いてよさそうな曲を事前にピックアップしておいて、編集時にスムーズにBGMを挿入することができました。

Artlist　https://artlist.io/jp/

7-8　編集の準備、編集前の構成を考える、編集作業（2コマ）

撮影が終わったら、編集作業に入っていきます。第6章でも触れましたが、編集作業の前に構成をしっかり考えて、構成表を完成させてから実作業に入るようにしてください。

やること

- サンプル映像を観て、どう編集するかを考え、気づきを発表する
- 作業のスケジュール、優先順位、分担を考える
- インタビュー、イメージごとに色分けして付箋に書き込み、構成表を完成させる
- 5分以内になるようインタビュー内容の整理・分析をする

この時間のゴール

・編集作業の前に構成表が完成している
・インタビューを5分以内に収まるよう取捨選択できている
・これからの作業内容を把握できている
・作業中のデータが保存されている

改めて、オリエンテーションで視聴した既存のドキュメンタリー作品を観てもらい、構成要素を再確認しました。その後、5分の完成映像にするために、どんな作業が必要かを考え、編集作業に取りかかれるように、撮影した動画データ、画像、音楽などをiCloudに保存しました。

なお、北鎌倉女子学園では、編集途中のプロジェクトデータをiCloudに保存することをルールとしていました。編集作業は、授業時間内で終わることを基本としましたが、ほかの授業や生

活に支障が出ない範囲で、自宅での作業も可としたので、データの保存については、特に気をつけるよう注意を促しました。

🎬 この学校で実践した4つの編集作業工程

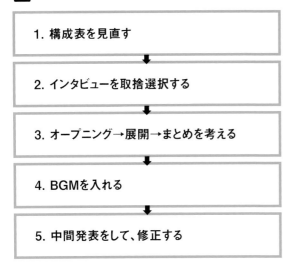

> 1. 構成表を見直す

> 2. インタビューを取捨選択する

> 3. オープニング→展開→まとめを考える

> 4. BGMを入れる

> 5. 中間発表をして、修正する

　この日は、「1. 構成表を見直す」と「2. インタビューを取捨選択する」の作業を進めました。完成映像5分のうち、インタビュー映像がベースになるため、インタビューの取捨選択がメインの作業となります。ざっと文字起こしをしてから、テキストにマーキングしていく形で取捨選択をし、見せ方を考える、というやり方で進めてもらいました。

　取捨選択をする

- すべての答えを使う必要はない
- テーマに沿う内容から使うところ、使わないところを決めていく。順番を変えてもよい

　見せ方を考える

- どの言葉を使うか
- 質問は使わないことを前提に、そこをどう見せるか
  （一枚画のテロップで見せるか、映像にテロップをかぶせるか）
- フォントや色などのデザイン、レイアウトなどをどうするか
- どこを強調してテロップを入れるか

▲ 編集前の構成の様子

7-9 編集作業、中間発表&修正（6コマ）

引き続き、編集作業を進めていきます。完成までに、要所要所でプレビューや中間発表を行い、「内容を吟味して、修正する」を繰り返します。

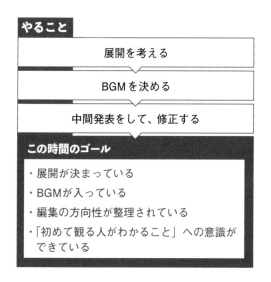

やること

| 展開を考える |
| BGM を決める |
| 中間発表をして、修正する |

この時間のゴール

・展開が決まっている
・BGMが入っている
・編集の方向性が整理されている
・「初めて観る人がわかること」への意識ができている

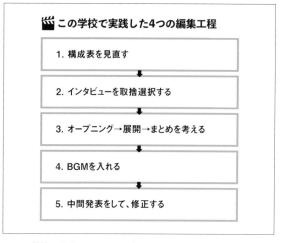

🎬 **この学校で実践した4つの編集工程**

1. 構成表を見直す
2. インタビューを取捨選択する
3. オープニング→展開→まとめを考える
4. BGMを入れる
5. 中間発表をして、修正する

▲ この学校で実践した4つの編集作業工程（再掲）

前回の授業で「2. インタビューの取捨選択」までを終えました。次に、撮影したイメージ（動画、静止画）を足していきます。ここで、再度、展開を考えます。

▶ 展開を考える

ドキュメンタリーでは、展開方法によって映像表現がまったく違ったものになります。いろいろな展開を考えて、インタビューの全体構成を再度考え、構成表を修正しました。展開に良い悪いはありませんが、考える時間をしっかり取ることで、自分たちの伝えたいことがより伝わりやすい映像になります。

以下の展開例を見てください。同じ4つの質問をしたとしても、展開次第でまったく違った印象を与えます。

［展開例1］

宗教の紹介から始まり、時系列で展開する

紹介 これまでの歴史どんな教え・信仰か

過去 コロナ禍の前の様子、2020年4月5月の
　　　 自粛期間の様子

現在 緊急事態宣言が解除された現在の様子

未来 これからどんな活動をしていくのか

［展開例2］

まず現在の様子から始まり、比較して過去を描き、
どんな宗教かを紹介して未来につなげる展開

現在 緊急事態宣言が解除された現在の様子

過去 コロナ禍の前の様子、2020年4月5月の
　　　 自粛期間の様子

紹介 これまでの歴史　どんな教え・信仰か

未来 これからどんな活動をしていくのか

▶ BGMを入れる

　BGMが流れるのは全体の1/3ぐらいの時間というルールで、音楽を入れていきます。音源については、グループごとに有料の音源サイトで事前に候補を挙げておき、その中から最終的に使用する音楽を決めてもらいました。版権の詳細については、第6章でJASRACのサイトを紹介していますので、そちらでご確認ください。

▶ 中間発表して、修正する

　ここまでの編集作業ができた段階で、作業が進んでいる数グループ分の上映を行い、客観的に観たうえでフィードバックをし合い、どう編集するかを考える時間を取りました。編集作業では、**初めて観る人が理解できる**という心がけが大切です。自分たち本位な編集にならないように、観る人に伝えたいことが伝わる映像になるよう意識して、作業を進めてもらいました。

▲中間発表の様子

　完成前に、すべてのグループの中間発表を実施しました。各グループで改善点を相談し、完成に向けて、編集作業の仕上げをしていきました。

　なお、質問内容とインタビュー対象の方の肩書と名前はテロップとして挿入し、コメントフォローは音声が聞き取りにくいところや、メッセージ性が高く強調したい部分のみ可能としました。コメントフォローがダメというと誤解が生まれやすいですが、たとえば、施設名や人物の肩書や名前、場所の名称、事実関係の説明などのテロップを入れるのはもちろんかまいません。

7-10　発表、振り返り（1コマ）

発表は、第6章の6-8節 **ステップ6**（p.157）で説明した方法で実施しました。北鎌倉女子学園では、後日、アンケートフォームへの入力の形で振り返りを提出してもらいました。この実践を通じて、「変化の激しい未来を生き抜く5つのチカラが身についたか」「身につくまではいかなくとも、それらへの意識づけができたかどうか」、その確認につながる振り返りにすることがポイントです。アンケートフォームの質問内容を以下に挙げますので、参考にしてみてください。

▲ 発表の様子

アンケートの質問内容

- 役割やスケジュール管理、撮影から編集まで、グループで協力し合っての作業ができましたか？
- インタビュー取材をしてみて、宗教のあり方に興味を持ちましたか？
- 電話をかけたり、メール（FAX）を送ったりインタビューをする中で、担当の方とコミュニケーションがうまく取れましたか？
- 実際につくってみて、ドキュメンタリーは100％真実を描いていると思いますか？
- この課題の期間はどうでしたか？
- またドキュメンタリーをつくりたいと思いますか？
- 上記の問いで5〜3と答えた人に質問です。どんなテーマや題材がよいですか？
- もっとレベルの高い作品をつくりたいと思いますか？
- この授業の中で、よく理解できたこと、身についたことを3つ以上書いてください。
- 動画と映像の違いは何だと思いますか？
- ほかに気になったことや感想などを聞かせてください。

アンケートの回答を確認すると、

> 「機材の扱い方やセットの仕方、撮影のコツや編集の仕方が身についた」
> 「グループの人たちと協力する大切さを学んだ」
> 「アポの取り方はこれから先も重要になっていくと思うので経験してみてよかった」
> 「コミュニケーション力が身についたと思う」
> 「映像を初めて観る人が理解できるように、大事な部分に読みやすい字幕を入れたり、さまざまな工夫を施すことが身についた」
> 「初めて会う人に礼儀を忘れずに丁寧に話すことが身についた」

といった内容のほか、動画と映像の違いをきちんと理解してくれていることもわかり、「未来を生き抜くための5つのチカラ」につながる実践になったといえます。

Tips　Film Educator直伝！ここがポイント

インタビューは沈黙にこそドラマがある

以下の2つの映像を観比べてください。音楽教室で講師をしているミュージシャン（ギタリスト）のコロナ禍を追ったドキュメンタリーのインタビュー映像です。

▲間をカットした映像

制作：TMS東京映画映像学校

https://book.impress.co.jp/closed/
eizo_edu/Chap7_mov01.html

▲間を活かした映像

制作：TMS東京映画映像学校

https://book.impress.co.jp/closed/
eizo_edu/Chap7_mov02.html

後者は間をカットしていません（画面の右側に「…」を入れています）。間は計6秒で、ごくわずかな違いですが、後者からは取材対象者の「悩んでいる」思いがより強く伝わってきませんか？　これは子どもたちに限った話ではありませんが、現代人に「沈黙」は不要と考える傾向が強まっているようです。沈黙（＝間や行間、余韻）には説明（台詞やナレーション、モノローグで語る、テロップ）が入らないと不要な時間と受け取られてカットされてしまうのです。

少々難易度が高いかもしれませんが、取材対象が話してないときの表情、ハッと何かを思い出してしゃべろうとしたとき、言葉を選んでいるとき、話すかどうか悩んでいるとき、言うのをよそうとしているとき、そういった沈黙の時間を使って、映像表現ができるとよいです。そこにテロップは入りません。つまり言語では表現できない、まさに非言語表現なのです。

メディアリテラシーの仕掛け

さらに、振り返りとして、「ドキュメンタリーってどこまでホント？」という問いについてのディスカッションをしてみることもおすすめします。

人物や事象には多面性があります。無限にあるといってもよいでしょう。それを取材し撮影するのですから、この段階で取捨選択が始まっています。編集の際にはさらにそれが多く行われます。そこにはつくり手の意図が明確に出ます。ややネガティブな言い方になりますが、人物や事象の姿をいかようにでもコントロールし、つくり上げることができてしまいます。

これらの経験を通して、子どもたちは「ドキュメンタリーは創作物」だとの結論に至るはずです。

子どもたちは発信する側を体験することになります。その体験は、テレビのニュースであれ、報道番組であれ、ネットニュースであれ、すべて取材者、つくり手、書き手の意図や意思が入っているという気づきにつながります。

山﨑達璽の実践事例

● 北鎌倉女子学園中学校（2年）
本章で扱った実践の作品。

▲作品A：浄智寺

https://book.impress.co.jp/closed/
eizo_edu/Chap7_mov03.html

（講評）いろいろな角度からインタビューしていて、住職の仕事や人柄などが多面的に伝わってくる。人物の背景の映し込み方や選曲など静かな禅寺の雰囲気をうまく捉えられている。

常楽寺

▲作品B：常楽寺

https://book.impress.co.jp/closed/
eizo_edu/Chap7_mov04.html

（講評）ちょっと聞きにくいような寺院経営のリアルな実態まで深く斬り込んでいて、とても真摯な取材をしている。厳しい現実から一転、最後は美しい音楽と映像で締められていて、その展開は見事である。

平井聡一郎の総括

引き続き第7章も実践例ですが、本事例のポイントは**取材**です。目的に応じての情報収集といえます。ドキュメンタリーは、結局のところ**人**がポイントになります。その対象となる「人」の生き方や考えに、どれだけ深く触れることができたかが、作品の質につながるのはもちろん、学習者の成長につながると考えます。その「人」との関わり方のヒントが本章には散りばめられているといえるでしょう。特にインタビューは、「人」の生き方や考えをどれだけ引き出せるかにかかっています。表面的な浅い質問では、浅い答えしか返ってきません。取材対象の「人」の生き方や考えに、どれだけ深く迫り、本質を引き出すかが作品の質に直結するでしょう。この点では、本章はインタビューの手順から内容の吟味まで触れています。これを実践する内容に合わせて活用していくことで、学習者の言語活動はアップグレードすることが期待されます。

付録　これならできる映像表現
（特別活動・教科等と映像表現の組み合わせ事例）

編著・監修　平井 聡一郎
合同会社未来教育デザイン
代表社員

さあ、始めよう

　動画による映像表現は、その教育的な効果とは裏腹に、高いICT活用のリテラシーが必要と思っている方が多く、なかなか一般的になっていません。本付録は、そのハードルを思いっきり下げて、誰もが動画による映像表現に取り組んでいただきたいという思いで執筆したものです。

　さて、本書では、著者のノウハウやさまざまな実践例を通して、映像表現の授業の基本的な組み立て方、必要な知識やテクニックを示してきました。しかし、それでも「まだ私にはちょっと無理かも」や「そこまですごいことはできないなあ」と思われた方や、「そんなに時間かけて失敗したらどうしよう」といった不安を感じる方もいるかもしれません。

　そこで、この付録では、もっと気楽にできる授業事例をいくつか紹介します。これらの事例から、できそうなものを探して、ぜひ取り組んでみましょう。そして、そのうえでこれまで示してきたノウハウを少しずつ活用して、子どもたちとともに視聴者の心に残る表現を目指してもらえればと考えています。

映像表現はじめの一歩

　映像表現とは、自分の頭の中にあるイメージを、映像という形でアウトプットする活動といえます。ですから、表現の活動の前には、必ず**イメージする**という活動が存在します。ここで、日常の授業の中で何かをイメージする場面を考えてみると、これは探究的な学びのゴールの姿といえます。逆に考えると、探究的な学びでなければ映像表現は難しいともいえます。さらに突き詰めると、探究的な学びを実現するには、映像表現をゴールに設定すればよいということにもなります。

　とはいえ、「うちの学校にはタブレットしかないよ」という方もいるでしょう。いやいや、**タブレットやPCだけでもできます。まずはできる範囲で始めましょう**ということなのです。**カメラ機能の利用だけでも、できることから始めましょう**ともいえます。次のステップで、ロイロノートなどの授業支援アプリなどと組み合わせたり、Padlet（オンライン掲示板アプリ）と組み合わせたりすると、すぐに映像がグレードアップします。小さく始めることがコツですね。

　では、ここで映像表現がゴールとなった探究的な学びを考えてみます。日常的に取り組むとなると、教科の学習の中での探究的な学びとなります。ここでは、課題＝教科のねらいとなりますから、Problem Based Learning（問題解決的な学習）となります。ここでアウトプットとしての映像表現を考えると、いくつかのパターンが考えられます。

　まずは**映像表現自体がゴールとなるパターン**です。これは、実技を伴う教科でよくあるパターンです。教科そのものが表現であるため、そこからの映像化はやりやすいといえますね。

○特別活動で、自己紹介を動画で収録し表現する活動

　これは、小学校の低学年で有効な取り組みです。2人組でお互いに自己紹介をする姿を撮影し合う活動となります。

○英語において、学んだ文法、表現方法を用いた会話を動画で収録し、「見返し」「聞き返し」する活動

　個人で既習の表現をしたり、ペアで会話する様子を撮影し、それを見返し、聞き返す活動を通して、英語での表現の改善を図ったり、共有された動画を観合う活動となります。また、このパターンは、体育実技や、音楽での歌唱、器楽演奏でも同様に使えます。

　次に、**問題を解決した結果を映像で表現するパターン**です。これはシンプルでわかりやすいですね。この活動の場合、視聴する相手を設定し、相手に対応した表現を工夫する必要があります。

○理科において実験結果などを映像で表現する活動

　実験結果は、一般的にレポートでアウトプットされますが、こうしたアウトプットを静止画やアニメーションを用いて表現し、そこに解説を加えた映像表現の活動となります。

○算数において、問題の解き方の解説動画をつくる活動

　算数・数学で問題を解いたあと、その解き方の手順を、図やアニメーションを用いて、説明する動画をつくる活動となります。

　また、この学習結果を動画で表現する活動のバリエーションとして、**実際にある、さまざまなメディアの映像表現に、学習結果を落とし込むパターン**もあります。

○社会で学んだことをテレビのドキュメンタリー番組風に表現する活動

○理科で気象について学んだあと、テレビの天気予報の番組を自分たちでつくってしまう活動

○社会で学んだ事件などを、ニュース番組の形式で映像にする活動

テレビ番組などの活用が考えられます。このような活動は児童生徒の興味関心が高く、主体的な学びにつながります。

教科を組み合わせた合科での映像表現

教科での映像表現に慣れたら、次のステップは総合的な学習（探究）の時間などを核とした合科による探究的な学びとなります。この映像表現は、これから紹介する事例の中にもありますが、なぜ合科にするかというと、時間の確保という物理的な理由と、合科によるメディアミックスという表現の幅を拡げるという内容的な理由があるからです。つまり、詩歌を紹介する動画をつくるのに、国語の時間だけでは時間が足りませんし、そこにBGM的に音楽を入れるならば、その音楽を創作するのは音楽の時間でしょう、ということなのです。詩歌の背景となるイメージに合った情景をつくるとなれば、図工・美術ですよね。このように表現の幅を拡げると、自然に合科ということになります。

○**総合的な学習（探究）の時間を核に、修学旅行の記録動画を制作する活動**

旅行の記録は国語、BGMは音楽、旅行先の様子は社会という具合に、さまざまな教科と修学旅行を関連させ、1つのプロジェクトとして成立させる活動です。

授業事例一覧

	教科｜学年	事例タイトル	内容	学校名　執筆者	ページ
01	総合的な学習（探究）の時間｜小学校・中学校・高等学校	「今気になること」をみんなに伝えよう	総合的な学習の時間で、問題発見から解決までの探究を、映像表現を通して行う課題解決型学習	森村学園初等部　不破 花純	p.188
02	英語｜中学校1〜3年	ALTに日本の有名人を紹介しよう	学習ポートフォリオのデジタル化による生徒間共有で自己調整、再構築	下仁田町立下仁田中学校　高橋 駿	p.190
03	社会｜小学校5年	動画配信から広がる学び、広げる学びへ	小学校社会科における動画作成と知識や言語能力の活用	下仁田町立下仁田小学校　渡辺 紀子	p.192
04	合科：国語＋図画工作、美術＋音楽｜小学校4年以上／中学校1〜3年	詩の世界を映像で表現しよう	詩のイメージの映像表現を合科による創造的なPBLで実現した授業デザイン	森村学園初等部　榎本 昇	p.194
05	理科｜小学校6年	サイエンスムービーをつくろう！	「サイエンスムービー」をつくることをゴールにした学習	宝仙学園小学校　吉金 佳能	p.196
06	保健体育｜中学校	バスケットボールの基本技能のポイントの解説動画をつくろう	中学校体育における動画制作による学習結果のアウトプット	下仁田町立下仁田中学校　青木 元気	p.198
07	情報I｜高等学校1年	合成動画の解説ムービーを作成＆共有	学習のまとまりごとに、学んだ結果を再構成、再構築し、映像でアウトプットするPBL型の授業	聖徳学園中学・高等学校　品田 健	p.200
08	合科：社会＋総合的な学習（探究）の時間｜小学校・中学校・高等学校	ミステリーハンターになってオセアニア州を紹介しよう！	合科による創造的な表現活動	下仁田町立下仁田中学校　茂木 一道	p.202
09	情報I｜中等教育学校4年	学校のCMをつくろう	情報I「（2）コミュニケーションと情報デザイン」のコンテンツ制作において、グループでCM制作に取り組むPBLの授業	千代田区立九段中等教育学校　須藤 祥代	p.204
10	合科：理科＋総合的な学習（探究）の時間｜小学校・中学校・高等学校	下仁田ジオパークの魅力をPRしよう！	理科と総合的な学習（探究）の時間との合科による創造的な表現活動	下仁田町立下仁田中学校　茂木 一道	p.206
11	合科：修学旅行＋総合的な学習（探究）の時間｜小学校・中学校・高等学校	伝えよう！私たちが作り上げた修学旅行	特別活動（修学旅行）を核に、総合的な学習（探究）の時間との合科による創造的な表現活動	下仁田町立下仁田中学校　茂木 一道／南牧村立南牧中学校　中島 一徳	p.208
12	合科：英語＋国語＋歴史、英語＋国語＋理科、英語＋国語＋情報｜中学校・高等学校	平和について考える	英語＋国語を中心とした合科のPBLによる創造的な表現活動で思考力を育成する授業	工学院大学附属中学校・高等学校　中川 千穂	p.210

総合的な学習の時間で、問題発見から解決までの探究を、映像表現を通して行う課題解決型学習

01 「今気になること」をみんなに伝えよう

不破 花純（ふわ かすみ） 森村学園初等部

活　動	総合的な学習（探究）の時間｜小学校・中学校・高等学校
ICT環境	［児童］端末：iPad｜映像制作アプリ：端末カメラ、iMovie、Adobe Premiere Rush｜ 情報共有アプリ：ロイロノート・スクール
	［教員］児童と同じ

ねらい

　これからを生きる子どもたちにとって重要な力の1つが問題発見力です。そこで、日頃生活していると気づかない疑問にスポットライトを当てることで、問題発見力や批判的思考を養えるのではないかと考えました。また、グループで1つの映像作品に仕上げていくことで、対話する力や調べた情報を相手により伝わりやすくするための表現力、情報活用力を習得することをねらいとしています。

本活動の内容・特徴

　本活動は、日常生活にあふれている多くの疑問を探す「眼」を養うことから始まります。まず、校内や生活圏内を歩き回り身近にある「気になること」をたくさん見つけていくことから探究が始まっていきます。本活動の映像制作は、個人ではなく、少人数グループで行うことで、テーマについての対話が生まれていきます。シナリオ・絵コンテの作成も、グループ内でより良い表現方法について意見を活発に交わすことにつながります。また、映像制作後の作品発表会は、他グループの作品から、自分たちにはない表現方法を学ぶ機会となります。

　本活動は幅広い学年で活用できます。基本的な制作の工程は同じですが、発達段階で「眼」の視点が異なることから映像テーマの質が高学年ほど深いものとなります。また、制作の技能も、ICT機器活用の経験を重ねることで、対象の学年に応じた映像制作となるでしょう。

活動の流れと活動場面

① 日常生活の「気になること」を探す

　まず、導入の授業では前半に、生活圏内の事柄に目を向け、「面白い」「なぜだろう？」といった少しでも感情が動いた事柄を探し、それらをiPadで画像を撮ります。次に、後半では提出された画像を全体で共有しながら、お互いの発見を見て、感じたことを伝え合います。

② 日常生活の「気になる」から調べたいテーマを決める

　提出された「気になること」画像から、自分が最も調べてみたいテーマを決めていきます。テーマは自分の画像でも、クラスメイトが撮った画像でも、興味を持ったものがあれば、そして選択の理由が明確であれば、どれを選んでも自由とします。

③ グループでテーマについて調べる

　テーマが同じか似ている人たちで制作グループを作ります。制作に必要な情報収集は、テーマに基づき、図書室にある書籍や新聞紙の切り抜き、インターネット、イ

▲1人でワークシートに記入

▲3人グループでテーマについて話し合う

ンタビュー、実験など、いろいろな調べ方があることを知らせます。インタビューを行うグループには、相手への日程交渉や当日の段取り、お礼の仕方などを事前に説明します。

④ シナリオ・絵コンテ作成

シナリオ・絵コンテの作成では、「誰に」「何を」伝えたいのかを明確にさせ、伝わりやすい最適な言葉づかいと構図を意識させるようにしています。ここでは、単純な情報伝達の映像にならないようにするために、自分たちの考え、思いといったメッセージを必ず入れるように伝えることがポイントです。

シナリオ・絵コンテを作成し終わった段階で、教員が内容を確認し、深められそうな内容については、ポイントをいくつかアドバイスをすることも大切です。

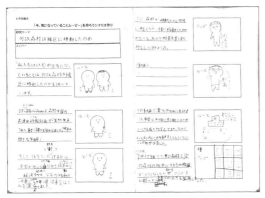

▲ シナリオ・絵コンテ

⑤ 撮影・編集

作成では、グループ内でディレクター、カメラ、キャストなどの担当に分かれて撮影を進めますが、毎回、授業冒頭にその時間のグループ目標を考え、授業後に振り返りと次回の計画を提出してもらうことで、1人ひとりが目的意識を持って活動に臨めるようにすることがポイントです。撮影後の編集はグループ全員で行いますが、編集でつまずくことが多いので、その都度アドバイスできるよう、目を配る必要があります。

▲ グリーンバックで撮影　　▲ iPadで編集

⑥ 作品発表会

完成した作品を相互に鑑賞し、一番印象に残ったグループとその理由、この活動で学んだことを記入してもらいます。ここでは、視聴する際に作品のメッセージの妥当性の検証という視聴のポイントを確認することが大切です。

効果とポイント

子どもたちの興味関心に沿ったテーマで探究が行えるため、学習に向かう姿勢がとても意欲的でした。また、シナリオ・絵コンテを作成する前にアップとルーズの使い分けについて学ぶと、より良いカット割りを考えられるようになりました。さらに、発表会をゴールに据えることで、映像を観た人全員に伝わるためのよりよい言葉や表現方法について試行錯誤する様子が見られるようになりました。

また、児童が映像制作に慣れていない段階では、シナリオ・絵コンテ作成を丁寧に行う必要があります。どの映像が流れているときにどのセリフを入れるのか、しっかり具体的な映像の流れをイメージさせてから取り組むことで、撮影・編集がスムーズに行えます。

関連・活動の応用

本活動では、基本的な映像制作方法について学ぶことができるようにしています。特にアップとルーズ※1、映像を制作するうえで欠かせないシナリオ・絵コンテづくりについては、丁寧に扱うことで、今後の映像制作活動がスムーズに行えるようになるでしょう。

また、本活動は、対象学年に応じて外部へ取材に出かけたりすることも可能となります。その際はゴールを学級内での発表会にとどめるのではなく、取材を受けてくださった方に観てもらったり、Webで公開したりするなど、公開範囲を広げたゴールを設定するとよいでしょう。

授業づくりのアドバイス ── 平井 聡一郎

この実践は、テーマの設定を通して問題発見能力の育成を切り口にしたところに汎用性があります。校内をまわるというフィールドワークから「気になること」を見つけ、それを伝えるというシンプルな授業デザインは、さまざまな教科に応用ができます。社会科での見学、理科での観察での問題発見から、そのレポートを映像で表現につなげるなどの活動が考えられるでしょう。

※1　ルーズは撮りたいものから離れて広い範囲を写すこと。

02 ALTに日本の有名人を紹介しよう（学習ポートフォリオのデジタル化）

高橋 駿　下仁田町立下仁田中学校

活　動　英語｜中学校1〜3年（小学校でも実践可能）

ICT環境　[生徒] 端末：Chromebook｜映像制作アプリ：端末カメラ｜情報共有アプリ：Padlet
　　　　　　[教員] 生徒と同じ

ねらい

英語の学習においては、さまざまな新出文法に触れていく中で、使える表現がどんどん増えていきます。そんな様子を動画で収録し、学習ポートフォリオとして積み重ねていくことで、生徒自身は、自分の表現の変容を前時と比較することで感じられるようになります。また、友達の動画を観て、まねしたりすることで、自分が使える表現が増えたりします。本活動は、英語科におけるデジタルポートフォリオの作成と活用を通して、生徒が自分自身でさまざまな動画データから、表現方法を再構成、再構築することを通して、表現の幅を拡げることを目指しています。

本活動の内容・特徴

生徒は、授業で学んだ文法を活かした英語表現の動画を撮影します。撮影した動画は教員が設定したPadlet（オンライン掲示板アプリ）に保存し、デジタルポートフォリオが作成されます。ここでは、生徒自身の作成物に対して友達からの即時的な助言やフィードバックも記録されますが、このフィードバックをもとに、内容の再構成や再構築も行います。このデータが蓄積されることで、蓄積された自分や友人のデータを組み合わせて新しい表現を作るという活動が可能となります。

活動の流れと活動場面

① 動画撮影

最初に、単元のテーマに沿った発話を行います。本活動は、ALT（外国語指導助手）に日本の有名人を紹介する様子を動画撮影し、内容・態度・使用した文法という3つの視点で発表します。この視点は、生徒間の助言のポイントとなります。活動の時間はペアで撮影し合っても5分以内とします。

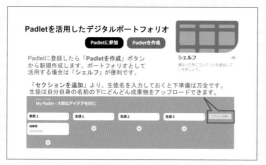

▲Padletの活用

▲動画撮影の様子

② Padletに動画をアップロードし、生徒間で助言やポイントを伝え合う

撮影した動画は、生徒自身でPadletにアップロードします。その後、撮影し合った友達だけでなく、ほかの友達の動画も観合って、内容・態度・使用した文法という3つの視点で「いいね」ボタンやコメント機能を使

い、思ったこと、気づいたことを伝えます。今回は「いいね」ボタンは1人5回までなどの制限をつけました。また、コメントをする場合には、良かった点や、こうなるともっと良くなる点についてコメントするように伝えました。

▲ 生徒間で視聴し合って意見を伝える

③ **コメントやいいねを見て、ベスト動画を全員で視聴する**

「いいね」の数を見て、一番数が多かった動画を全員で視聴し、良かった点を共有します。教員は「いいね」の数やコメントを参考にしながら、全体で共有したい動画を選択することができます。今回は「いいね」の数が一番多かった動画と、使用してほしい文法を適切に使っている生徒の動画を共有しました。

④ **これらの活動を参考にしながら、表現を再構築し、動画撮影を行う**

授業の最後に、個人練習の時間を取り、動画撮影を行います。再度撮影した動画の説明欄には、自分がコメントや友達の動画を観て、何をどう変えたのかについての説明や自分がまだできないところを記入してもらいました。

▲Padletで動画と説明を共有

効果とポイント

従来のペア活動による相互評価だと、多くても3人程度からの評価が限界でしたが、Padletを活用することでより多くの人からの評価を得ることができました。多人数からの評価を受けることで、よい点や改善点がより明確になり、生徒たちは納得して自分の動画の振り返りをすることができていました。また、「いいね」の数が多い動画は、生徒たちがそれぞれの視点を持って「よい」と感じたものなので、動画の共有後、使用している表現をまねしたり、動画の内容を深めたりする生徒が増えました。さらに、動画の説明欄に改善点を書くことによって、生徒がどんな視点を持って再度活動に取り組めたのかがわかりやすいのもメリットです。

▲Padletで動画の評価を共有

関連・活動の応用

本活動では、動画をPadletにアップロードし、デジタルポートフォリオとして活用しました。今回はPadletを生徒自身の変容を感じる場としましたが、Padletは動画に限らず、さまざまなファイルをアップロードできます。つまり、さまざまな教科での成果物を保管し、それを共有する場として活用することもできます。

授業づくりのアドバイス ── 平井 聡一郎

この実践は、ほかと異なり、映像表現自体がゴールではなく、作成されたデータをデジタルポートフォリオに保管し、それを自分自身で振り返ったり、ほかの生徒の表現を参考にしたりするという過程が学びとなります。とかく、ポートフォリオは記録することが目的化することが多く見られます。本授業は、保存されたデータを活用することが目的となっており、デジタルポートフォリオ本来の使い方という学びの本質を追究した実践といえます。Padletは非常に使いやすいツールなので、ぜひ参考にしてください。

03 動画配信から広がる学び、広げる学びへ

渡辺 紀子　下仁田町立下仁田小学校

活　動	社会｜小学校5年

ICT環境　[児童] 端末：タブレット｜映像制作アプリ：端末カメラ、iMovie｜情報共有アプリ：ロイロノート

　　　　　[教員] 児童と同じ

　　　　　※児童、教員ともに常時1人1台端末環境（自治体が整備）。各学年・職員室に複数台予備、各教室に電子黒板、つり下げモニターあり。

ねらい

　小学校5年「日本の気候の特色」の学習において、気候の特色を理解し、教科書や地図帳、資料集やインターネットなどで調べた気候の特色の情報を、国内の名所と気候について紹介するツアーガイドのスライドとして配信する活動を通して、断片的な知識理解から、相互に関連させた知識理解に発展させます。

本活動の内容・特徴

　これまで、動画づくりの活動は、学年の発達段階と経験を考慮して進めてきました。4年生で47都道府県を学習したときの知識や興味・関心も活かしたスライド動画づくりを1人ひとりで制作し、「県内の特色のある地域」について「○○のまちCM」のスライドづくりにグループで取り組みました。5年生では、これまでのスライド制作のスキルと新たな知識を組み合わせることで、視聴者を旅行へと誘う、音声入りのツアーガイドを作成し、ともに学んだ同級生や下級生に共有できるようにロイロノートの提出箱や資料箱で配信します。

活動の流れと活動場面

① つかむ

単元課題を把握します。

5年生「日本各地の気候の違いを知って、訪れてみたい地域のツアーガイドをしよう」

② 追究する（前半）

単元の課題の解決に向け、追究します（インプット）。

③ 追究する（後半）

単元の課題について、理解したことをまとめ、表現します（アウトプット）。

④ まとめる

　単元の学習について表現した友達の動画を視聴し、学習をまとめます。

〈大阪府大阪市のツアーガイド〉《瀬戸内海の気候》

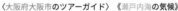

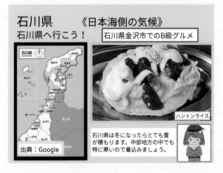

▲ 児童が制作したツアーガイド（スライド動画）

効果とポイント

　発達段階に沿った動画作成の活動は、学習内容をまとめ表現する面白さや広がりを感じさせるものとなります。はじめの経験をもとにしてさらに別の表現に発展させてつなげていくことができます。学習内容も前学年での既習事項と組み合わせると、社会的事象やその起因も納得するものであることがわかります。追究する活動では、学年を経るごとに興味関心の対象として広がりを意識することもでき、知識や思考、表現の能力はおのずと高めることができます。

　また、動画にして発信することは、内容をより魅力的に伝えるための表現のスキルアップや自己達成感の向上にもつながります。動画作成時の友達との意見交流により、別の表現の仕方や伝わりやすさ、伝わりにくさに気づくこととなり、個々の児童が完成させたい動画のイメージをより洗練されたイメージへと具体的に想定できます。画像の選択、録音原稿の作成、レイアウトなどの探究的な学びを通して仕上げたあとの達成感は、作成に苦労した時間を忘れるほどの大きな感動をもたらします。学習の積み上げを行うことで、個々の情報活用能力や探求心を身につけていくことも期待できます。

関連・活動の応用

　本校の児童会活動では、児童が作成した動画を使って委員会からのお知らせや活動の成果の発表などを行い、全校児童に活動の様子を伝えたり日常生活を振り返ることにつなげたりと多目的に動画による発信を実施しています。身近な人の頑張っている様子や伝えたいことが生の声や動きで表されているので、受け取り手となる子どもたちも、とても興味深く、また共感を持って受信することができています。

　体育館で行っていた集会活動も、感染症対策として教室への動画配信やロイロノートによるプレゼンテーションの形式で行うようになりました。以前と発表形態が変わっただけで、むしろ、計算されて作成される映像ならではの情報が大きくはっきりと映し出されることで、より高い伝達効果も得られています。今後もさらに工夫や改善を加え、より効果的な活用がなされていくでしょう。

①６つの気候区分　都道府県、都市名	②気温と降水量のグラフ（知らせたい都市のものと、比べたい都市の２種類）
③特色となる起因	④気候の特色を示す写真やイラスト

▲ スライド構成表。この４枚でスライドを仕上げることとした

▲ 昨年の都道府県の学習で作成した日本地図から、魅力を伝えたい都道府県をテーマとして選んだ

授業づくりのアドバイス ── 平井 聡一郎

この実践は、単元のまとめとして、それまで学んだことを動画として再構成、再構築したものです。まずは、このような実践から始めることが大切です。この手法は教科や指導内容を問いませんので、簡単な動画でもよいので、ぜひ取り組んでください。

詩のイメージの映像表現を合科による創造的なPBLで実現した授業デザイン

04　詩の世界を映像で表現しよう

榎本 昇（えのもと のぼる）　森村学園初等部

活　　動　合科：国語＋図画工作、美術＋音楽｜小学校4年以上／中学校1〜3年

ICT環境　[児童] 端末：iPad｜映像制作アプリ：端末カメラ、iMovie、Keynote、MotionBook、Artomaton｜
作曲アプリ：GarageBand｜録音アプリ：ボイスメモ｜情報共有アプリ：Google Classroom

　　　　　　[教員] 児童と同じ

ねらい

　本活動では、詩のイメージを映像表現することで、その詩の心が動かされる言葉を捉え、それを自分の意見や考えを持たせるなど、読み深めることをねらいとしています。映像として表現するためには、1人ひとりが詩中の語句に注目し、詩の世界を想像したり、考えたりすることが必要となります。また、映像制作のプロセスを考えたり、制作中に考えを他者と共有したりすることにより、個々の経験や知識、そして価値観に触れ、これまでそれぞれが気づいていなかった新たな視点からも言葉の読み込みを深めさせることが可能となります。さらに、詩を通じて作者が伝えたかったことを深く理解することにつながるでしょう。

本活動の内容・特徴

　写真や動画、アニメーションや音楽を組み合わせて短い映像を制作する映像表現は、自らの力で文章を読み取り、ものの見方や考え方を広げ、自分の意見や考え方を持つ児童生徒を育てるために教科を超えた活動・表現方法となります。今回は詩の世界を題材としていますが、詩は作者の思考や心情が短い語句に凝縮され、精選・吟味された言葉から言語感覚や想像力を磨く効果的な教材になると考えます。児童生徒は映像で表現する活動を通して、それぞれが想像力を働かせ、他者との協働によって練り上げていくことで、詩に散りばめられた言葉をよ

り深く読み込むことで、児童のものの見方や考え方が豊かになることが期待されます。

活動の流れと活動場面

① 国語：表現したい詩の選択または創作（選択）

　今回の活動ではグループで表現したい詩を次のようなポイントで選んでいきます。

A) 短すぎず、長すぎず、映像作品としたときに3〜4分以内に収まる内容となっているか。
B) 詩の内容がイメージできる、自分たちで映像化できる内容になっているか。
C) 詩を構成している文章や言葉が具体的すぎないか。

　詩の文章や言葉から映像をイメージできるか否かは、このあとの活動の成否に関わるので重要な活動となります。結局は、詩に触れたとき、そのイメージが浮かぶかどうかにかかってます。ですから、表面的に詩を読むのではなく、イメージを脳裏に浮かべながら詩に触れていこうとすることが大切でしょう。

② 図画工作・美術：詩のイメージを絵コンテで表現する

　ここまでの活動で選択または創作した詩から、グループの1人ひとりが詩からイメージを膨らませ、絵コンテとして表現していきます。この段階では学習者のICT機器活用のリテラシーが不足しているからといって、作品制作に「これは実現できない」などの制限をかけることな

▲ 活動の流れ

● 表現したい詩の選択　　● 詩のイメージを　　　● 映像やアニメーションで
　または創作　　　　　　　絵コンテで表現する　　　詩の世界を表現する

● 映像などを組み合わせて　● ナレーションで　　　● 詩の世界のイメージを　　● 完成した作品を
　編集する　　　　　　　　作品の世界を掘り下げる　音楽で表現する　　　　　相互評価し手直しする

▲ 詩のイメージを絵コンテで表現

く、なるだけ個々の想像力を尊重していきたいものです。

　個々の絵コンテが作成できたら、次に各自の絵コンテを持ち寄り、グループで作品全体のイメージ、伝えたいテーマを明確にしていきます。ここでは、グループで制作可能かどうかを検討し、実際にできるかどうかを踏まえて、最終的な絵コンテとして1つにまとめていきます。

③ 図画工作・美術：映像やアニメーション、文字や記号で詩の世界を表現する

　実際の制作では、絵コンテに合わせて必要なカットの映像を撮影していきます。動きのある撮影を除き、できるだけ、日常的に三脚などで安定した撮影ができるようにしていくことが必要です。実際の撮影では、KeynoteやMotionBook、そしてArtomatonなどで制作した、アニメーションと実写とを組み合わせて表現することで、ありふれた風景を非日常的な映像へと変えることができます。

▲ 撮影の様子

④ 国語：メディアミックス

　iMovieなどの動画編集アプリで、映像や字幕などを組み合わせて作品制作を進めます。

▲ 編集作業中の児童

⑤ 国語：ナレーションで作品の世界を深く掘り下げよう

　ここまで編集したものを観て作品をより理解したうえで、詩を映像化したものにボイスメモアプリを使ってナレーションを追加します。ナレーションでは朗読のポイントを意識し、声の抑揚や間の取り方を大切にします。録音したものを編集に加えていきます。

▲ 朗読、ナレーション収録中の児童

⑥ 音楽：詩の持つ世界のイメージを音楽で表現する

　絵コンテをもとに編集され、ナレーションも組み合わせた映像にイメージに合う音楽をGarageBandで創作して追加します。ここではGarageBandのLive Loopsを

▲ GarageBandで作曲

使って、短いフレーズを使うことにより、よりタイミングも映像にフィットする表現を目指し、収録したものを編集に加えています。

⑦ 国語：相互評価

　完成した作品を教室での上映会やGoogle Classroomで共有することで相互評価をし、評価された内容に基づいて作品の手直しをしていきます。なお、このような合科での取り組みでは、それぞれの教科の中で、その教科ごとの視点に基づいて評価することが大切です。

効果とポイント

　制作の中で話し合いや絵コンテなどで各自の感覚や考えが共有されていくと、それまで気づいていなかった新たな視点からも言葉の読み込みを深めさせることができました。また、撮影やアニメーション、音楽の制作を進める中で、より良い映像作品をつくるという共通の目標ができ、自然な形でスキルの教え合いや意見の交換ができるようになりました。このことにより主体的・意欲的に取り組む児童の姿が見られるようになり、音楽制作などの各スキルに若干の抵抗感があった児童も積極的に取り組めるようになりました。1人では解決できない問題もグループだからこそ乗り越え、作品全体の質の向上につながったと思います。

関連・活動の応用

　本実践は、映像制作を通じて詩を読み深め、心が動かされる言葉を捉えて自分の意見や考えを持たせることを目的とし、最終的には作者が伝えたかったことを映像や音でより深く視聴者に伝えるという活動です。この中で、基本的な映像制作の流れが一通り習得できる流れになっていることから、一度習得してしまえば国語に限らず社会科や理科などの他教科でも自分たちの考えや主張を映像化できるようになることが期待できます。また、活動を繰り返していくうちにスキルレベルも上がっていくと考えられるので、PBL型の学習活動の表現を映像制作で進める練習にもなると考えます。

授業づくりのアドバイス ―― 平井 聡一郎

　この実践は、情報活用能力育成の基本となる活動が網羅されています。学校全体の指導計画の中で、特定の学年にこのような活動を位置づけることで、児童の情報活用能力の基盤習得が可能となります。ただし、このレベルの授業の実現には教員のリテラシーも必要なため、専科や外部人材の活用も必要でしょう。

05　サイエンスムービーをつくろう！

吉金 佳能（よしかね かのう）　宝仙学園小学校

活　動	理科｜小学校6年

ICT環境　[児童] 端末：iPad｜映像制作アプリ：端末カメラ、iMovie、Keynote｜情報共有アプリ：Padlet
　　　　　[教員] 児童と同じ

ねらい

　理科の学びのゴールを「サイエンスムービーをつくる」というアウトプットに設定することで、習得した知識・技能を活用することをねらいとしています。調べたり、実験したりと試行錯誤する過程で、知識は自分の中で構造化され、技能は実感を伴いながら高まっていきます。また、他者とコミュニケーションを取りながら進めることで、非認知能力が伸びることも期待しています。

本活動の内容・特徴

　本活動は、子どもたちが毎年「YouTuber授業」と呼んで楽しみにしている「サイエンスムービー」をつくることをゴールにした学習です。

　今回は、6年「水溶液の性質」単元で実施した事例です。単元の前半を習得段階と位置づけ、水溶液の性質に関する基本的事項を学び、後半を活用・探究の学習段階として位置づけた学習となります。

　こうしたアウトプット型の授業では、誰のためにつくるのか、という対象を明らかにすることが大切です。今回はムービーの視聴対象を1年生とし、演技なども交えながら、いかに楽しみながら学べる動画をつくれるかがポイントです。視聴対象を絞ることで、活動の質を向上させるとともに、学習者のモチベーションを高めることにつながると考えました。

活動の流れと活動場面

① 実験の企画

　まず、過去の動画作品やYouTubeの科学動画を観ることで、自分が表現したい映像についてのイメージを膨らませます。水溶液の性質の単元で行う場合、中心となるのは指示薬を使った水溶液の色の変化の実験であり、指示薬と水溶液の組み合わせで、色の変化を考えます。その際に、以下のような企画書を書かせることで、コップのタワーをつくるなど、見せ方を工夫することにつながります。

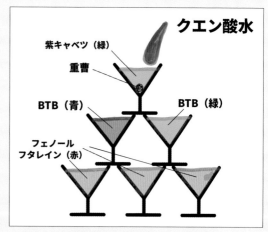

▲ 水溶液の色の変化の実験をイメージした企画書

② 実験・撮影

　用意された指示薬と水溶液の中から必要なものを選択し、実験を進めていきますが、水溶液の濃度によって、色の変化の様子が変わるので、まずは少ない量で試しながら、表現のイメージを固めていきます。

　実験に使う水溶液は、酸性ならクエン酸水やお酢、アルカリ性なら重曹水など、なるべく安全性の高いものとします。

③ 映像化

　撮影は、端末のカメラを使って行います。その際、背景に人が映らないように、撮影場所を工夫したり、背景に白い板を置いたりしながら撮影を進めます。撮影後に動画を編集し、30秒程度の動画とします。編集では、基本的に何のアプリを使ってもよいとしているので、iMovieやKeynote、または個人でインストールしているCapCutやKineMasterなどのアプリを使用している児童が多いようです。

▲ 撮影する児童

④ シェア

完成した動画は、まずはクラス内でシェアします。ま
ず、ペアワークで直接フィードバックをもらったり、
Padletなどへ投稿して、オンライン上でコメントし
合ったりします。その後、対象である1年生に観てもら
い、フィードバックをもらうことで、次の活動につなげ
ていきます。

▲ Padletで動画を共有

▲ 児童が制作した動画

効果とポイント

理科学習において「映像」というアウトプットの形
は、非常に相性が良いといえます。理科は観察や実験と
いった実体験が学習のベースであり、活動中に自然と写
真撮影・動画撮影が行われるからです。1人1台端末時
代の今、体験と撮影はセットであり、映像表現というア
ウトプットは必然といえるでしょう。また、映像制作を
アウトプットとすることで、観察や実験といった一連の
活動の質を高めることができます。さらに、活動を通し
てコミュニケーションが生まれ、子ども同士が協働する
対話的な学びにつながります。

関連・活動の応用

今回は、6年「水溶液の性質」の実践を紹介しました
が、別の単元で応用することや理科学習のまとめとして
単元を横断して行うことも可能です。児童のリテラシー
が上がることで、グループから、ペアや個別の活動に発
展していくと考えられます。

また、理科における映像表現については、レポートの
代わりに研究の解説動画をつくるということも有効で
す。たとえば、5年「ものの溶け方」において、「水と
食塩水を見分ける方法を考えよう」という課題を出し、
最後のアウトプットを動画としたことがあります。子ど
もたちはさまざまなアイデアを試し、その方法と理論を
動画にまとめて提出しました。

映像制作をアウトプットにすることで、観察や実験と
いった実体験の時間を増やすことができます。レポート
やスライド作成などのアウトプットに映像表現も加える
ことで、授業デザインの幅が大きく広がります。

活動の応用パターンについては、拙著『ICTで変わる
理科授業　はじめの一歩』（明治図書、ISBN：978-418
4325265）も参考にしてください。

授業づくりのアドバイス ── **平井 聡一郎**

この実践は、理科という教科での学習成果を、サイエン
スムービーという動画教材にまで高めたものです。この
ような学びを小学生から積み重ねた児童は、情報活用リ
テラシーが自然に身につき、探究的な学びにスムーズに
取り組めるようになるでしょう。ここでのポイントは
「サイエンスムービー」というワクワクするテーマです。
多くの教科でこういった実践が積み重なることで、学校
全体の情報活用能力が向上していくでしょう。

06 バスケットボールの基本技能の ポイントの解説動画を作ろう

青木 元気 下仁田町立下仁田中学校

| 活 動 | 保健体育（球技：バスケットボール）| 中学校 |

ICT環境 ［生徒］端末：Chromebook | 映像制作アプリ：端末カメラ、Canva | 情報共有アプリ：ロイロノート・スクール

［教員］生徒と同じ

ねらい

バスケットボールのドリブルやパス、シュートなどの基本技能や、3対2、4対3などの集団技能のポイントを、自らが説明したり、演じたりする解説動画にまとめることを通して、より深く技能のポイントを理解したり、主体的に学ぶ姿勢を身につけたりすることを目指しています。特に視聴者を下級生とすることで取り組みへの目的意識を高めたいと考えます。

本活動の内容・特徴

動画作成を行うにあたり、まずは基本的な技能を確実に定着させることが重要でした。特に単元の前半部分では、指導者が作成した技能のポイントをまとめた動画を事前に試聴させ、技能のポイントの理解を図りました。動画撮影、編集については、複数の人数で役割を分担し、ドリブルやパス、シュートなどの基本的な技能の編集を担当する生徒と、3対2、4対3などの数的優位の攻め方を分析する生徒に分けることで、生徒1人当たりの活動量を確保しました。また、動画の長さについてはグループ全体で3〜5分程度に制限し、よりポイントを絞った動画になるよう配慮しました。

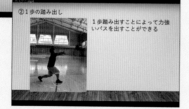

▶ 指導者作成の ポイント動画 を視聴

活動の流れと活動場面

① 基本的な技能のポイントについて理解する

指導者が事前に配信した動画を視聴し、見取ったことをまとめることで、自身の動画作成の参考にさせます。

> 動画を視聴し、わかったことや授業で活かしたいことを記入してください。
> 14 件の回答
>
> 動きながらのドリブルは前につく、取られそうになったら手でブロックをする
>
> ドリブル3選がわかってドリブルを授業で活かしていきたい
>
> ドリブルの種類とやり方が分かった。
> ボールを持っていない方の手で相手をガードできるということがわかった。
> 授業では1年生の頃できなかったガードをできるようにしたいです。
>
> ドリブルではボールを見ずに周りを見る
> 逆の手でしっかりガードする
> 膝を適度に曲げる
>
> ドリブルの付き方やディフェンスが来たときの対応などこれからのバスケの授業でとても役に立つと思いました。
>
> ドリブルをするときのコツが分かった。
> 止まっているときはボールを横について、動いているときは前につくことが分かった。
> 周囲を見てドリブルができるように練習したい。

▲ 視聴で気づいたことの確認

② 動画編集の流れの確認、担当の決定

各グループで、基本的な技能についてまとめる生徒と集団的な技能についてまとめる生徒という役割を決めます。

▲ 役割を決める

③ 集団的な技能のポイントについて理解する。

　ミニゲームを通して、3対2や4対3の数的優位の状況をどのように攻めるかというチームの動きのポイントを理解します。

④ 動画撮影

　基本的な技能のポイントを説明する際は、生徒自身が実演したり、説明したりします。また、チームでの動きのポイントについての撮影では、体育館の2階ギャラリーからゲームの様子を撮影することで、生徒の動きを俯瞰的に捉えることができるようにしました。

▲ 生徒自身がポイントを説明

▲ 撮影した動画をチェック

効果とポイント

　授業時間の限られた中で、いかにポイントを理解したうえで、活動に活かすことができるようにしていくかが重要でした。事前の動画試聴は活動のポイントを意識することにつながり、結果的に生徒の活動量確保と技能の定着につながりました。特に生徒が、自身の動きや技能について言葉で説明したり、動画内に注釈を加えたりして、わかりやすく伝えるにはどうすれば良いかを考えて動画作成を行ったことで、自身の理解が深まったと思います。また、動画作成と下級生への配信という活動をコアに単元を構成することで、生徒が授業での活動に目的意識を持ち、主体的に学ぶ姿勢につながったと考えられます。

関連・活動の応用

　本活動は、生徒が目的意識を持って活動できる授業デザインとなりました。事前の技能ポイントをまとめた動画の視聴は反転学習といえます。また、動画の作成の過程で、ホワイトボードに書き込んだり、話し合ったりすることでチームでの動きのポイントを理解できています。このような活動は、バスケットボールのみならず、さまざまな単元で実施できます。このように、自身でポイントを理解したうえで活動に取り組んだり、まとめたりすることでICT機器を使わない授業に比べて、主体的に活動に臨む姿勢が見られたことから、特に器械運動や陸上運動において自身の活動を客観的に捉えることができ、技能向上を期待できるでしょう。

授業づくりのアドバイス ── 平井 聡一郎

　とかく、実技を伴う教科は運動量の確保に注力し、考えて活動する機会が不足しがちです。この実践では、解説動画制作という活動を通して、学習者1人ひとりが、ポイントをより意識して取り組めるようになったようです。解説動画の作成という活動は、ほとんどの実技教科で活用できる汎用性がある実践といえるでしょう。

07　合成動画の解説ムービーを作成&共有

品田 健　聖徳学園中学・高等学校

活　動　情報Ⅰ｜高等学校1年

ICT環境　［生徒］端末※1：iPad／Apple Pencil｜映像制作アプリ：端末カメラ、Keynote、iMovieを主に使用

　　　　　［教員］端末※2：iPad／Apple Pencil、Mac BookまたはWindowsラップトップ｜アプリ：生徒と同じ

ねらい

　情報の授業は、アプリケーションの操作習得が目的となりやすい科目です。iMovieを用いた動画の合成はインパクトも強く、生徒の関心をひきますが、合成動画ができて楽しいで終わってしまいがちです。作成する動画の題材として他教科のワンポイントレッスンを取り上げることで、学習内容の理解を深めること、それを相手にどのように伝えるとわかりやすいのか検討すること、背景となる板書の構成を考えることなどを盛り込むことで、コミュニケーションスキルの要素を取り入れます。

▲ 授業テーマ説明スライド

本活動の内容・特徴

　最終的な成果物としては合成動画となりますが、その操作習得には重きを置いていません。30秒という限られた時間で、自分が選んだ項目・内容を自学自習して理解を深め、いかにわかりやすく伝えられるのか背景となる板書を作成し、解説動画のストーリーを検討し、練習を繰り返します。そのプロセスを重視しています。また、個人のワークではありますが、板書やストーリー作成でクラスメイトに相談したり、実際の撮影ではお互いに声をかけて助け合って撮影を行うようになります。自然にグループワークとなっていることも特徴といえます。

活動の流れと活動場面

　授業活動の流れは次のとおりです。

① 昨年度の先輩が作成した動画を紹介し、作成する課題について説明

② KeynoteとApple Pencilを使って、背景となる板書を作成する方法について解説

③ 教科、科目を決めて、30秒で説明が可能な単元や項目を選び、内容について理解を深める

④ 板書と解説動画の原稿を作成して収録前に練習を重ねる

⑤ グリーンスクリーンの前で解説動画を撮影

⑥ 合成の方法について解説し、Keynoteから書き出した背景と解説動画をiMovie上で合成

▲ 板書と解説動画の原稿を作成

⑦ 作成した動画を共有フォルダに提出し、教員・生徒間で共有

▲ 作品例1

▲ 作品例2

効果とポイント

　動画の合成は、日頃YouTubeなどの動画に慣れ親しんでいる生徒にとってICTの活用を実感しやすいものです。その分、取り組みが楽しいだけになってしまいやすいともいえます。この取り組みでは、動画の撮影に至るまでに自然と負荷がかかるようになっています。解説する項目は必ずしも既習ではなく、実際に生徒は未修の内容を取り上げることが多く、自分で学び、説明をするために理解を深めています。教科担当者が「予習してきなさい」と課したとして、そこまで主体的に学びに向かうでしょうか？　与えられて学び、それをそのままアウトプットするような学習を続けてきた生徒に、アウトプットのために学ぶという「学びの再定義」のきっかけを与えています。

　また、視聴者が担当教員だけでなく、ほかの教員や同級生であることから、いかに「ウケる」動画にするか板書のデザインから解説の語り口、BGMまで実にコリに凝った作品づくりに没頭します。その結果、どうしても単独での制作は難しく、仲間と協力しながら撮影を進める場面が自然に見られます。

　このように、この授業は単なる動画の撮影ではなく、

実は1つのPBL（プロジェクトベースドラーニング）になっています。

▲ 生徒の作品を共有

関連・活動の応用

　情報の授業での取り組みですが、一度やり方を学んでしまえば、他教科でも、たとえば教員が「では、この単元の内容をグループで分担して解説する動画を作成しましょう」と指示すれば、生徒同士が学び合い、理解を深め、ほかの生徒の理解を助ける動画をつくって共有するというプロジェクトが実行できます。もちろん授業だけでなく、課外の活動や、行事（学園祭）などでも活用できます。

　iOS 16になったことで、Keynoteではグリーンスクリーンを使わずにスライド上に動画やライブカメラを配置して背景を透明化できるようになりました。今後はより簡単に合成動画の作成が可能です。

授業づくりのアドバイス ―― 平井 聡一郎

この実践は、授業の中での映像表現の基本が詰まってます。特にiPad導入校には参考になることが多いでしょう。もちろん、他のデバイスでも基本的なやり方は共通です。「学んだ結果を再構成、再構築し、映像でアウトプットするPBL型の授業」というねらいは、まさに基本的な授業デザインとなります。さらに、撮影の環境も参考になります。これなら、日常的に映像表現ができると思える好事例ですね。

※1　BYADによる1人1台環境。
※2　学校より貸与で1人1台環境。

08　ミステリーハンターになって オセアニア州を紹介しよう！

茂木 一道（もぎ かずみち）　下仁田町立下仁田中学校

活　　動　合科：社会＋総合的な学習（探究）の時間｜小学校・中学校・高等学校

ICT環境　[生徒] 端末：Chromebook｜映像制作アプリ：端末カメラ、Keynote、Canva、Google スライド｜
情報共有アプリ：Google ドライブ

　　　　　　[教員] 生徒と同じ

ねらい

　中学校社会の「世界の諸地域」を学ぶ学習において、オセアニア州の多文化社会は、どのように形成され、どのような影響を地域に及ぼしているかを、TV番組"世界ふしぎ発見！"のミステリーハンターが紹介するような動画を作成することを通して、自分の言葉で説明します。そのことによって、「世界の諸地域」への理解を深め、活動に意欲的に取り組むことができるようにすることをねらいとしました。

本活動の内容・特徴

　本活動は、オセアニア州を「世界の諸地域」の学習の一番初めに位置づけています。また、単元を2つに分け、それぞれに課題1、課題2を設定しました。課題1でのまとめを動画にまとめるという課題2とし、複数時間で計画しました。

　単元の課題1を「関わる国々が変化していったことで、オセアニア州にどのような影響があったか」とし、教科書やインターネットでの情報収集を中心に学習を進め、課題1に対する答えをまとめます。その後、単元の課題1での学習成果をもとに、オセアニア州についての理解を深めるとともに、このあとの「世界の諸地域」の学習に意欲的に取り組むことができるよう、2人組で「"世界ふしぎ発見！"のミステリーハンターになって、オセアニア州を紹介する番組を作成しよう」などの、単元の課題2を設定して動画を作成しました。

活動の流れと活動場面

① 単元の課題を把握する

　"世界ふしぎ発見！"の番組を試聴することで、ミステリーハンターになって、世界の諸地域を紹介する動画を作成することに関心や意欲を持たせます。ここでは、何を伝えているのか、どんな画像で伝えているのかをポイントにして試聴させました。

② 企画書の提出
（動画作成時の約束を確認し、動画の構成を考える）

　まず、"世界ふしぎ発見！"のダイジェスト版YouTube動画を視聴してイメージを持たせます。その後、「作成の約束」「動画の構成」「ドライブの活用」について確認をして、構成を考える時間を設けた。Google スライドに企画書という形でまとめて提出させます。

　「作成の約束」では、テーマを「オセアニア州、多文化社会への変化とその影響」とすること、2分以内の動画にすること、写真とグラフを両方使って説明すること、自分が映ること（撮影を協力し合うこと）を確認しました。

　「動画の構成」では、Google スライドを絵コンテに見立てて、画像と文言を並べ、企画書として提出させています（場面3）。動画編集のやり方によって撮影の仕方が変わるため、画像を背景にするのか、それとも吹き出しのようにするのかを考えさせます。

　「ドライブの活用」では、共有ドライブ（Google ドライブ）に入れてある、"世界ふしぎ発見！"のテーマソングとタイトル画像、教科書の画像やグラフを活用して動画を作成することを確認します。

　撮影の約束を確認したあと、Google スライドを活用してペアで構成を考えさせます。

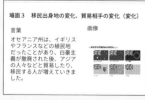

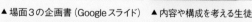

▲ 場面3の企画書（Google スライド）　▲ 内容や構成を考える生徒

③ 動画の撮影をする

　ここではペアでChromebookを用いて撮影しますが、構想によって、撮りたい構図に合わせてChromebookを棚に置いて撮影したり、手に持った状態で撮影したりなどペアで工夫させました。また、番組タイトルや自己紹介を項目ごとに区切って撮影したり、通しで撮影したり、自分たちが考えた構成に合わせて工夫をしていました。また、別の登場人物を出演させ、現地の人を演じながら撮影する生徒も見られました。

▲ さまざまな方法で撮影する生徒たち

④ 動画の編集をし、視聴会を開く

　動画の編集ではCanvaを活用しました。共有ドライブにある"世界ふしぎ発見！"のテーマソングとタイトル画像、教科書の画像やグラフを活用して動画を作成させました。動画作成に必要な資料を用意しておくこと

▲動画編集場面

▲ 編集した動画の一場面

で、時間をかけずに完成させることができます。編集後は生徒作品が共有され、それを視聴する視聴会を実施しました。

効果とポイント

　本活動では、"世界ふしぎ発見！"のミステリーハンターになるという設定にしたことで、やってみたいという意欲を高めることができました。「ほかの州でもやってみたい」「次はもっと知識を増やして取り組みたい」という生徒の意見を聞くことができ、「世界の諸地域」の最初に位置づけた効果がありました。また、単元の課題を2つに分け、教科書を使った学習を課題1でまとめたことを活用することで、楽しいだけの活動に終始することなく、学んだことを活かす機会として動画作成を位置づけることができました。さらに、動画作成に取り組ませることで、自分の言葉で説明しなければならない状況を必然的につくることができ、映像表現がアウトプットの手段として有効であることを教員と生徒が実感できました。

活動の応用

　この授業では、動画の内容と構成に1時間、撮影に1時間、編集と共有で1時間の、計3時間で実施しました。今回は、動画の内容と構成の時間を1時間取りましたが、同じ「世界の諸地域」の学習であれば、内容や構成を大きく変える必要もないため、内容と構成の時間と撮影で1時間、編集と共有で1時間の計2時間で実践ができます。短時間での作成が可能になったことで、世界各地の紹介をまとめた「生徒がつくる"世界ふしぎ発見！"」など、作成した動画を集めた番組も製作できそうです。視聴会の場面で、作品の良かったところを伝え合うことができると、より深まりが生まれてくると考えます。

授業づくりのアドバイス ── 平井 聡一郎

　これまで、音楽の創作、美術での表現、国語の詩歌の読み取り、創作はそれぞれが単独で取り組まれることが多く、学習時間の確保、意欲を持たせるテーマ設定が難しいと感じることがありました。この実践では、複数の教科を結びつけることで活動の時間を生み出すとともに、やってみたくなるリアルでワクワクする課題設定によって、学習者の主体的な学びにつながっています。これは、ニュース番組、天気予報などでも応用できるでしょう。

09　学校のCMをつくろう

須藤 祥代（すどう さちよ）　千代田区立九段中等教育学校

活　動　情報I｜中等教育学校4年

ICT環境　[生徒] 端末：タブレット型パソコン｜映像制作アプリ：端末カメラ、Adobe Premiere Pro、
Adobe Photoshop、Adobe Audition、Adobe After Effects、Microsoft PowerPoint Online｜
情報共有アプリ：Microsoft Teams　など

　　　　　[教員] 生徒と同じ

ねらい

　この授業は、学校のCMというコンテンツ制作からWeb
サイトという活動を一連の流れに沿ってグループで行うも
ので、チームでテーマに基づいた作品を制作することで、
学習者の創造力を引き出すことを目的としています。

本活動の内容・特徴

　今回のテーマでは、学校の広報活動へ貢献と関連付け
て行うことで、リアルな社会とのつながりを意識させる
とともに、知識・技能を活用して、思考・判断・表現を
しながら、生徒の主体的に学習に取り組む態度を育成で
きるよう授業をデザインにしています。

活動の流れと活動場面

① アプリケーションソフトウェアのレクチャー

　まず、画像編集を行うAdobe Photoshop、動画編集
を行うAdobe Premiere Proという2つのアプリケー
ションソフトウェア（以下、アプリ）の使い方につい
て、基本操作を簡単な体験をしながら習得します。

② コンテンツ制作の流れの説明

　次に生徒が本時の学習の目的・到達目標を共有したう
えで、教員がコンテンツ制作の一連の流れ「設計・制
作・実行・評価・改善」の流れを説明します。

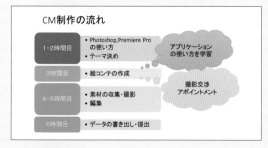

▲ 授業の流れ

CM制作
- CMの大テーマ
  - 学校紹介
- 今回のミッション
  - 本校に入学したい！と思う
    生徒を増やす
- ターゲット
  - 小学生
  - 小学生の保護者
- 【制作物】
  - CM(15or30秒)
  - ＋α OK
    - 長いバージョン
    - 別の班テーマ
    - ポスター
- CMの条件
  - Youtubeにアップロードして閲覧可能
    なもの(.mp4)
  - 法的な配慮(著作権法等)を考慮する
  - 公序良俗に反しない

▲CMの条件

③ コンテンツ制作の設計

　本時の大きなテーマである「学校のCM」のCM制作
について、ユーザー分析などをして、グループで取り組
むテーマを話し合い、絵コンテなどの作成を通して作品
全体の構成を検討します。今回は絵コンテをMicrosoft
PowerPoint Onlineで共同編集しながら制作しています。

▲ 絵コンテを制作する生徒

▲ 絵コンテ

④ 素材の収集・撮影、動画の編集

制作した絵コンテの構成に基づき、CM制作を行います。ここでは、素材の収集や撮影などが必要な場合には、生徒が自分で取材先にアポイントを取って撮影許可を得ます。また、動画の編集作業で、音声の加工や効果の追加など、制作に新たな機能が必要な場合には、自分たちでWebページを検索して情報を収集するなど、極力自力解決を促します。なお、収集したデータや情報はMicrosoft Teamsで共有することで、ほかのグループも活用できるようにしています。

▲撮影する生徒

▲アテレコをとる生徒

▲画像加工をする生徒

▲動画編集をする生徒

⑤ データの書き出し、CMの共有・相互評価

制作した動画はYouTubeで公開できる形式で書き出したうえで、データを提出します。この完成動画はTeams上で共有され、相互に評価できるようにしています。

▲Microsoft Teams を活用した素材や情報の共有

⑤ 振り返り

一連のCM制作は、その過程をルーブリックに基づいて振り返りを行います。

▲CM制作のルーブリック

効果とポイント

アプリの使い方については、画像編集アプリと動画編集アプリの基本操作にしぼって指導しましたが、生徒は自分の表現したいことを具体的に検討したことから、必要に応じて新たな機能やアプリもWebで検索・学習・利用し、制作に活かしていました。また、取材活動では自分でアポイントを取るなど主体的に取り組む姿を多く見ることができました。これには周囲の先生方など多くの大人の協力が欠かせなかったことから、活動自体を周知することが重要でした。コロナ禍で来校が制限される中、完成した作品をWeb公開することで、受験生とその保護者、在校生保護者にも学校での学習や生活の様子を伝えることができ、好評な取り組みでした。このように、自分のつくった作品が、実際に採用されるという社会とのリアルなつながりを得たことで、生徒は学びへのモチベーションと自信を持てたようです。授業後に、4年のクラスHR委員が中心となり、1年間の振り返り動画を制作したことを、担任団から後日聞き、学んだスキルを活用する姿を見ることができました。授業にとどまらず、その先の主体的な学びにつながっていたことが最大の効果であったと感じています。

▲主体的に学習に向かう生徒

関連・活動の応用

このコンテンツ制作のプロセスでは、主体的に学び方を学び、そしてその先も学び続ける態度が身についていると感じることができました。コンテンツ制作の一連の流れをたどることで、消費者としてだけでなく、つくり手としても社会で活躍するためのスキルが実践的に身についています。また、大学入試での総合型選抜や学校推薦型選抜などでは、動画を制作して自己PRを行うような課題の提出を求められることが増えてきました。企業への就職でも動画制作をして提出する試験が実施されています。今回のような動画制作のスキルを身につけることで、そのような変化にも対応できるでしょう。

授業づくりのアドバイス ── 平井 聡一郎

学校のCM作成という題材は、学習者にとって、最も身近で自分事にしやすい題材であり、視聴対象が新入生や保護者であることから、目的意識を持ちやすく、内容の検討が具体的にできるという特徴があります。また、実施学年を問わず、どの学年でもそのリテラシーに応じたレベルで取り組めるテーマでもあります。ぜひ、映像表現の入口として取り組んでほしいですね。

10　下仁田ジオパークの魅力を PR しよう！

茂木 一道 （もぎ かずみち）　下仁田町立下仁田中学校

活　動　合科：理科＋総合的な学習（探究）の時間｜小学校・中学校・高等学校

ICT環境　［生徒］端末：Chromebook｜映像制作アプリ：端末カメラ、Canva、Adobe Spark（ポスター作成）、
Google スライド

　　　　　［教員］生徒と同じ

ねらい

　下仁田ジオパークのよさを「下仁田町ジオパークの魅力を PR しよう」という動画やリーフレットにまとめるというゴールを設定することで、「解決したい」「協力したい」という思いを形にし、探求への意欲を高めます。制作の過程では、失敗を改善するトライ＆エラーを重ねることで、やりがいや達成感を得て、より主体的な探究活動になることを目指します。また、地域の専門家に課題の提示や PR 資料へのアドバイスをしてもらうことで、自分たちの住む下仁田町により関わろうという、郷土愛を育てることもねらいとしています。

本活動の内容・特徴

　本活動は、中学校第 1 学年の総合的な学習の時間と理科の合科による下仁田町の「ジオパーク」を題材とした探究的な学びとなります。下仁田町役場ジオパーク推進係の方に来校いただき、町の観光資源の 1 つである「ジオパーク」が抱える課題について話を聞き、それらの課題に対する解決策を考えます。特に、来場者が少ないという課題を、PR 動画やリーフレット作成という広報手段で解決する、というプロジェクトとしました。実際の制作では、動画は Canva、リーフレットは Adobe Spark を活用しますが、Adobe Spark でリーフレットを作成し、それを動画に挿入しているグループもあり、それぞれのグループが自分たちの課題を解決するためのツールを選択しています。

活動の流れと活動場面

① 課題の把握と解決策の決定

　下仁田町自然館に勤務する、下仁田町役場ジオパーク推進係の方に、ジオパークが抱えている 3 つの課題について話を伺いました。

1. 下仁田町に住む人が、珍しい地質が見られるだけの公園だと誤解している
2. 下仁田町を訪れた旅行者が、ガイドツアーに参加する機会が少ない
3. ガイドの後継者がいない

　その課題から、生徒がそれぞれ、

1. 下仁田町に住む人に、本当のジオパークを伝えよう
2. ジオパークを使って観光客を増やそう
3. ジオパークの魅力を伝えるガイドを増やそう

といった解決策を考えたあと、実際に取り組む課題は Google フォームで希望を取り、グループを編成しました。

② PR 動画・リーフレットの提案をする 1

　まず、Google スライドを用いて解決策の提案資料を作成します。この過程で、ガイドを増やすための動画では、ガイドのメリットや資格の取り方の紹介をしたり、町内へ配布するリーフレットでは、QR の添付やクイズを入れたりするなどの工夫が話し合われました。生徒は作成したスライドを資料に、Google Meet によるオンライン会議で下仁田ジオパークの会や下仁田町観光協会の方などジオパークに関わる人たちに解決策の提案をし、アドバイスをもらいました。

③ PR 動画・リーフレットの提案をする 2

　次に、アドバイスをもとに提案資料を改善し、動画・リーフレットの作成を行いました。その後、ジオパークの会役員の方や下仁田町役場ジオパーク推進係の方に対し、対面で動画やリーフレットを資料にした提案を聞いていただき、再度アドバイスをもらいました。

◀ 提案資料

PR内容詳しく

ガイドのメリット　（下仁田の良いところを知れる）
下仁田の良いところ（自然が豊か、ネギが美味い）
ガイド体験会」
ガイドになってみたい人が2~3回体験する
給料について（副業でもOK！）
時給950円

飲食店にジオパークを簡単にまとめたリーフレットを置いとく

QRコードを貼る
テイクアウトをした時に一緒につけとく

3つぐらいジオパークのことにある程度知っている人しか答えられないクイズを作る

パンフレットなどを見て作る（花やネギ）

飲食店や人が集まるところに設置して全問答えられたら抽選で下仁田の特産品などを送る。（紙屋などで作っているG.O.D焼など）

▲ 提案時の生徒

④ ジオパーク下仁田協議会への提出

　完成した動画やリーフレットは、ジオパーク下仁田協議会に提出し、協議会会長である下仁田町町長に観ていただき、下仁田ジオパークWebサイト（https://www.shimonita-geopark.jp/）に掲載、および町の映画鑑賞会上映会のロビーと町の音楽祭で展示してもらいました。

▲ ジオパーク下仁田協議会提出時の様子

▲ 完成動画の一場面

効果とポイント

　「下仁田町ジオパークの魅力をPRしよう」という探求意欲が高まる課題の設定と、複数回のプレゼンテーションにより、トライ＆エラーを重ねたことで、やりがいや達成感が得られ、主体的な探究活動につながりました。

　また、このプロジェクトは学校外の組織との協働によるものであるため、ジオパーク下仁田協議会や教育委員会、下仁田町役場ジオパーク推進係など関係機関との、課題提示／PR動画提出などのスケジュール調整がとても重要でした。特にプロジェクト開始までの意識合わせが大切だったと思います。また、生徒は、PRするための資料を作成した経験がなく、PR資料ではなく、単なる説明資料になっていました。「もっとアピールしよう」「もっと強調をしよう」という声がけでは変化がなかったので、作成者の「姿」と「声（感想・印象・体験談）」を入れようと具体的なアドバイスをしたことで、姿と声が入った、製作者の意図が伝わるPR資料完成へつなげることができました。

　さらに、つくった動画を視聴会でクラスの生徒と共有したり、懇談会で多くの方に視聴してもらったりすることで、多くの生徒や保護者へ周知できました。今後は、より多くの人たちに知ってもらうため、自分たちがつくった動画やリーフレットに解説を加えたGoogleサイトを作成し、それをサイトにアップすることで、より幅広い人たちに知ってもらいたいと考えています。

活動の応用

　本活動では、「外部の方の意見」というリアルなアドバイスが生徒の活動に大きな影響をもたらし、学校での学びと外の社会がつながるという効果を実感できました。これは、学校におけるさまざまな教育活動に活かせるでしょう。

授業づくりのアドバイス ── 平井 聡一郎

この実践では、目的意識の薄い「調べ学習」に終わりがちな学びが、外部の力によって、よりリアルな学びになったことが最大の成果でしょう。さらに、そのアドバイスも単発でなく、繰り返したことに意味があります。これは、小規模校だからできたことかもしれません。逆に考えると、小規模校は、映像表現を通して、このような外部機関と連携した探究的な学びを行うことで、生徒に対して、よりリアルで社会とリンクした学びを実現できるともいえます。本実践を参考に、地域素材を活かしたPBLを拡げていきたいものです。

11 伝えよう！私たちが作り上げた修学旅行

茂木 一道（もぎ かずみち） 下仁田町立下仁田中学校 ／ **中島 一徳**（なかじま かずのり） 南牧村立南牧中学校

活　動	合科：修学旅行＋総合的な学習（探究）の時間｜小学校・中学校・高等学校
ICT環境	［生徒］端末：Chromebook｜映像制作アプリ：端末カメラ、Canva、Google スライド　ほか
	［教員］生徒と同じ

ねらい

　下仁田、南牧という2つの中学校の生徒が企画した、行き先や旅行の約束を自分たちで決定した修学旅行の様子を、お互いが伝えたいことを動画にまとめる活動です。特に、「相手校の生徒に伝えよう」というゴールを設定したことで、探求意欲を高める課題とし、相手意識や目的意識を持って「伝えたい」という思いを形にする授業を目指しました。あわせて、修学旅行全体が学びの場となり、それを自分事として捉えて、主体的に取り組む旅行になることをねらっています。

活動の内容・特徴

　2つの中学校が「修学旅行」の企画から実施までを総合的な学習の時間に位置づけて活動しました。ここでは活動内容を下仁田中学の目線で説明します。

　下仁田中学では、第1学年でも旅行先をプレゼンテーションによって決めたりするなど、遠足旅行的な行事を、生徒が主体的に活動する場としてきました。そのうえで、第2学年では、活動のゴールを旅行に行くだけでなく、その紹介動画およびオンライン発表としました。

　グループで行き先を考え、それをプレゼンテーションし合って、決定しました。実際の旅行でも、全員がChromebookを持参し、旅行の行程を動画で記録しました。旅行後は、撮影した撮影した動画は後日、伝えたいことを絞り込んだうえで編集し、スライドにまとめ、完成したものをオンライン（Google Meet）で南牧中に伝えました。

活動の流れと活動場面

① 旅行先の決定

　コロナ禍の修学旅行は、行けるところが制限されます。それをプラスに捉え、生徒自身が行き先を決定する修学旅行としました。まず、実行委員がGoogle フォームを使って、生徒全員の希望を取ります。そして、希望した旅行先が同じ生徒同士でグループをつくりました。

教員から伝えた、出発時刻と帰着時刻、交通費と集金金額という制限の中で、旅行の企画を立て、それをGoogle スライドでプレゼンテーション資料を作ります。各グループが作成した企画は、相互にプレゼンテーションし合い、実際の旅行先を決定できました。

▲ プレゼンテーション資料

② 現地での撮影

　結果的に旅行の内容は、歴史的建造物の見学と遊園地での遊興でした。両校とも小規模校のため、各旅行先でグループは編成していません。現地での撮影の条件は、「動画は1本30秒」「自分が映ること」「撮影がほかの観光客の迷惑にならないようにすること」の3つを約束として設定し、できる限り自由度を高め、オリジナリティが出るようにしました。

▲ 現地での撮影の様子

③ 発表資料づくり

　発表資料は、Google スライドに、Canvaで編集をした動画を挿入するという形で制作しました。

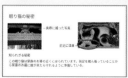

▲Google スライドに動画を挿入

▲Canvaで編集をした動画

④ オンライン発表

発表は、Google Meetを活用してオンラインで実施しました。南牧中の発表後、Google Meetのブレイクアウトルームで4〜5人のグループをつくり（下仁田中学：3〜4人、南牧中学：1人）、各グループ代表の生徒が1人ずつ発表しました。

▲ オンライン発表の様子

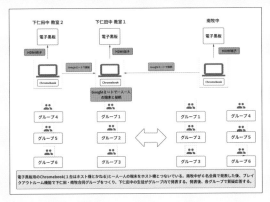

▲ 端末・グループ構成

効果とポイント

活動の軸に、動画づくりとその発表を据えたことで、自分の経験を「どのような構成でどのような内容を伝えようか」と考え、学びを自分事にすることができました。また、「どのような力が身についたか」を振り返りで質問したところ、「伝える力」が身についたと答えた生徒が多く、伝えたいという思いを形にできたことがわかる結果となりました。

お互いの学校の旅行先について詳しく知らない生徒が多く、どんな場所なのか興味を持って発表を聞き合っていました。また、下仁田中学では、南牧村中学の発表（南牧村と旅行先の川越市の比較）に対して、「どんな違いがあるのかもっと聞いてみたい」と振り返りを書いた生徒が多くいました。普段関わることのない他校の生徒

との交流により、新たな知識を得たり、新たな疑問を持ったり、学びを深めることができました。

▲ 自己評価の結果（AIテキストマイニング）

本活動は、他校との共同プロジェクトのため、二校間での調整がとても重要でした。下仁田中は、5月に修学旅行を実施しましたが、新年度の開始直後に修学旅行の学習が始まるため、南牧中にも早めに連絡を取り、承諾を得ておく必要がありました。また、日付や曜日はもちろん、校時表が異なるため、当日の時間を合わせる必要があります。そこで、どちらかの学校が2時間を総合的な学習の時間に充て、相手校と時間を合わせるなどの工夫が有効でした。現在は、両校ともGoogle Workspaceを利用しているため、今後はGoogle Chat／Classroomなどを活用して、さらにコミュニケーションを深めていくことができます。

活動の応用

本活動では、「視聴会」という形で編集した動画をクラスの生徒と共有しましたが、今後はGoogle Classroomなど、いつでも共有できる環境を作っておくことが有効だと感じました。YouTubeのチャンネルを開設し、共同の編集者として投稿することで、いつでも共有できる環境をつくることができるでしょう。また、YouTubeや学校サイトにアップすることで、保護者も閲覧できるようになります。多くの人に生徒の成果を共有することで、生徒へのフィードバックの機会も増えることが期待できます。

授業づくりのアドバイス ── 平井 聡一郎

本実践は、修学旅行という学校行事に、動画制作というアウトプットを加味することで、活動自体を主体的にすることができたという点に大きな価値があります。この手法は、中学校における特別活動を学習者自身の活動にするという改革につながることが期待されます。さらに、動画によりデジタル化による共有が容易になったことで、他校との交流につながりました。これは、学習者の学びのフィールドを拡大するという成果にもつながっています。

12 平和について考える

中川　千穂（なかがわ　ちほ）　工学院大学附属中学校・高等学校

活　　動	合科：英語＋国語＋歴史、英語＋国語＋理科、英語＋国語＋情報｜中学校・高等学校
ICT環境	［生徒］端末：iPadまたはBYODラップトップ｜映像制作アプリ：端末カメラ、iMovie、Adobe Express 作曲アプリ：GarageBand　ほか
	［教員］生徒と同じ

ねらい

「平和」という概念は極めて抽象的であり、そのイメージは具体化しづらいものがあります。そこでそのような抽象概念である「平和」のイメージを、平和を実現するために何ができるかを、情報を収集し、そこから自身の考えを構築するという探究的な学びにより、最終的に映像で具体化するという活動を通して、自ら考え、判断し、行動するという自立した学習者としての基盤を形成させていきたいと考えています。

本活動の内容・特徴

本活動は、映像表現を通して、収集した情報を再構成、再構築することにより、自分自身の思考と対峙するものとなっています。また、そのため、本活動の実施にあたっては、その思考のレベルを本活動までの学習経験により、深さを変えることで中学生から高校生まで対応することが可能でしょう。

具体的には、まず貿易ゲームを通して、現代社会の世界観を理解し、その中で「平和」という概念を形成し、それに対峙する自らの考えに気づいていきます。そのうえで、平和を実現するために何ができるかを考え、「平和」に対峙していく自分を、動画として表現していく活動を目指します。また、グループでの協働による活動を通して、計画立てて物事を進めるプロジェクトマネジメントのスキルの習得、情報の収集の過程で、取材依頼、文章作成のスキル形成、著作権などの知識の習得、電話対応など社会でのマナーを学ぶことも目指しています。

本活動では、ブルームのタキソノミーに基づいており、自分自身が「平和」について考え、どうすれば実現できるかを自問することで、青年期の自己同一性の発見につなげています。これは、タキソノミーにおける「創造」を課題にすることにつながり、HOTS（Higher Order Thinking Skills：高次思考）を達成させるためにLOTS（Lower Order Thinking Skills）を自ら実施していくようにねらっています。

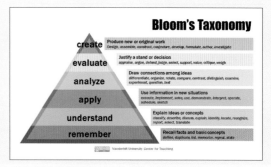

▲ ブルームのタキソノミー（Bloom's Taxonomy）
出典：https://cft.vanderbilt.edu/guides-sub-pages/blooms-taxonomy/

活動の流れと活動場面

① 貿易ゲームの実施

まず、貿易ゲーム[※1]により、世界の一員として流通を動かすという活動で、各国の思惑の中での自国の行動を意識することで、その背景にある「平和」の概念[※2]を自分事として意識化できるようにしていきます。ここでは、まず教員が生徒にルールを説明し、国、世界銀行、マーケット、国際警察など役割を生徒に分担させ、実際のゲームを始めます。このゲームは、各チームが1つの国となり、それぞれに資源として紙、道具としてコンパス、定規、分度器、はさみ、お金が不平等に分配する。規定の形を資源と道具を使用して作成し、マーケットで売るとお金になるものです。

② テーマの決定

貿易ゲームの結果や取り組みについて話し合い、何が問題であるかを検討します。身の回りや社会の問題点についてさらに話し合い、話し合った内容から、グループでテーマを決定していきます。さらに、話し合いの内容、映像制作の目的、概要、計画書をOneNoteでグループ内、学年全体で共有します。

▲ 計画書フォーマットなどを共有

③ 計画書作成

　計画は、学校の行事予定表を活用し、各グループで計画書を作成します。計画書提出期限、中間発表、最終発表の日程については先に教員が入力しておき、テーマ同様にOneNoteで共有します。

▲ 計画の予定を共有

④ 中間報告

　中間報告会で進捗状況をグループごとに持ち時間5分程度で、計画書、映像を提示しながら報告します[3]。ここでは、クラスメイトよりもらったフィードバックで、計画、内容を再検討します。

⑤ 映像制作授業

　映像祭に出品する場合は、期日やフォーマットを確認します。また、音と映像の著作権について話をします。そして、誰がその映像を観るのか、観た人に何を伝えたいのかを再度生徒に問います。

④ 最終報告

　できあがった映像をクラスで公開し、視聴した教員、生徒からフィードバックをもらいます。この改善点のアドバイスをもらったり、未完成だった場合は今後どのように撮影編集を進めるのかを発表します。

⑤ 公開、応募

　作品完成後は、より広い場に公開したり、映像祭に応募したりすることを提案しますが、応募に際してタイトル、監督者、意図、コメントなど、作品について情報をまとめ、記載します。

効果とポイント

　貿易ゲームから、映像制作、そして公開という社会と接する活動を段階的に実施することにより、生徒自身が社会の一員である自覚を持てるようになりました。そして生徒が自律し、発言と行動に責任を持ったり、他者の考え方を尊重することを学びました。教員は、生徒の相談に応じ、社会人としての提案が必要な場面に助言し、できる限り生徒の意思を尊重してきました。映像の評価はルーブリックでも行いましたが、中間／最終報告の際のクラスの雰囲気から生徒自身が顕著に感じることとなりました。また、映像祭に出品し、学校外から評価を受けることで、意欲が高まりましたが、生徒自身が思考から活動につなげるというプロセスを経験できたことが、最大の成果と考えます。

関連・活動の応用

　活動の導入段階では既成概念を取り払い、自由な発想を育成するために、ヨシタケシンスケ『りんごかもしれない』（ブロンズ新社／ISBN：978-4893095626）を読み、自分自身の「りんごかもしれない」を描きます。そのうえで「へいわかもしれない」を描きます。その絵には、その生徒の考えが凝縮されていると考え、絵をもとに映像制作チーム分けをすることができます。生徒がそれぞれの考え方を尊重し、チームのつながりを考え、協働体制を構築するのに役立ちます。

授業づくりのアドバイス ── 平井 聡一郎

映像表現では、その目的が重要となります。いきなり「平和」を考えると、単なる「調べ学習」に陥りがちとなるのを、貿易ゲームを通して「平和」という抽象的な概念を意識させるようにしています。これにより、実感を伴った活動となるでしょう。中高生による映像制作のPBLの1つのモデルとなっています。

※1　JCA-NET「貿易ゲーム」報告　https://www.jca.apc.org/unicefclub/unitopia/1999/boueki.htm

※2　日本では「平和」というと「戦争」を思い浮かべる人が多いかもしれません。動物保護、教育、貧困、地元愛、病気など平和の概念は多様です。筆者は生徒にさまざまな「平和」の映像を見せ、概念を広げました。

※3　OneNoteにリンクを貼り、自由に閲覧できるようにしました。MicrosoftのStreamやYouTubeでクラウド上にアップしたり、映像を添付したり、方法は自由です。映像発表会は、教室前方の白板にプロジェクターで投影しました。

おわりに

山﨑 達璽（やまざき たつじ）

2021年に話題を呼んだ映画『サマーフィルムにのって』（松本壮史監督作品）。高校の映画部の生徒たちが時代劇をつくる破天荒な青春コメディです。登場人物の1人に、未来からやってきた少年がいます。彼らの世界では、「未来の映像は5秒がスタンダード。1分だと長編で、映画館なんてどこにもない。未来では他人の物語に自分の時間を割く余裕はない」といいます。彼はかつて映画がどんなものだったのか、それを確かめに現代にやってきたのです。この設定を見たとき、私は背筋が凍る思いをしました……。

今のまま歴史が歩めば、いずれそんな未来になるでしょう。本書で何度も触れた、いわゆるSNS動画コンテンツの表面的な模倣ばかりがはびこった先、きっとすべての映像がそれらに置き換わります。映画やドラマといった映像作品で、台詞の間を味わい、行間を想像したり、余韻を楽しんだりする非言語表現はなくなってしまうでしょう。ほんの少し前まで、それが主流だったのに……。

映画に始まる映像文化の歴史に断絶が起こったら、もう戻りません。一度途切れた文化を取り戻すのは困難を極めます。そして、映像というメディアは発信力も影響力も強大ですから、あらゆる文化の衰退につながるともいえます。

私は、映画監督・映像ディレクターとしての活動に加えて、20年以上映像の専門学校で教壇に立ってきました。さらに、教員向けeラーニングコンテンツの制作でアクティブラーニングに出会ったことをきっかけに、教育における映像表現の可能性を見出し、Film Educationを学校現場で実践するFilm Educatorとして活動をしています。

本書では、探究的な学びのゴールに「映像表現」というアウトプットを取り入れることで、クリエイティブな学びにつなげる授業プログラムとして、ドキュメンタリー制作を提示しました。そして、ドキュメンタリー制作を学校現場で実践する方法を、ごくごく基本的なことから順に、実践事例を交えながらひもときました。主に、映像表現を子どもたちが自ら体験することで、未来を生き抜くための5つのチカラを身につけることに重きを置いた内容となっています。さらに、今後は、Film Educationの2つの定義のうち、「映画を始めとする映像表現物の鑑賞を通して、その内容・主題・本質を批判的思考で吟味しながら、楽しむ方法を学ぶ」ことも含めた教育として、映像に関わる教育全般を取り扱いたいというビジョンを持っています。

本来、映像は多様であるべきです。情感を味わう映画があったり、社会派のドキュメンタリーがあったり、青春コメディドラマがあったり、そこにSNS動画コンテンツもあります。決して、SNS動画コンテンツを否定しているわけではなく。これが文化としての健全な状態です。そういった、多種多様な映像表現の中から、世界に発信すべきもの、後世に伝えるべきものは何かを自ら見極められる審美眼を育てることができれば、結果として、世界の多様な文化の理解につながり、さらには日本の文化や芸術の向上につながっていくと考えています。では、多種多様な映像表現をどうやって存続させるのか？

私は、そのカギは学校教育にあると考えています。児童生徒の頃から「映像表現物を鑑賞して吟味する」体験を通して「自分のものの見方」を探究し、グループで「映像表現をする」体験を通して「自分たちの答え」を見つけ出します。Film Educationは、すなわち、探究的な学びであり、アート思考にも通じるクリエイティブな学びであり、主体的・対話的で深い学びでもあるのです。

本書が、探究的な学びやクリエイティブな学びを促す教育メソッドとしてのFilm Educationを、先生方に実践していただくきっかけとなり、子どもたちが未来を生き抜くためのチカラを身につけ、さらには子どもたちの創造性や審美眼が大きく育つことを願っています。

索引

QR（映像作品・解説動画／掲載順）

※本書に掲載している映像作品・解説動画のQRリストは、以下のURLからダウンロードできます。
　https://book.impress.co.jp/books/1122101032

■著者／監修／執筆協力　プロフィール

●著者

撮影：宮川舞子

山﨑 達璽（やまざき たつじ）

映画監督／映像ディレクター／Film Educator
株式会社山﨑達璽事務所 代表取締役／Film Education Lab代表
日本映画監督協会会員／日本映画学会会員／歌舞伎学会会員

1974年、名古屋市出身。日本大学藝術学部映画学科監督コース卒、同大学院芸術学研究科映像芸術専攻（修士課程）修了。
1999年、大学の卒業制作『夢二人形』が第52回カンヌ国際映画祭シネフォンダシオン部門にノミネートされ、映画監督デビュー。2008年、東洲斎写楽をモチーフにした新感覚の時代劇『宮城野』（出演：毬谷友子・片岡愛之助・國村隼・樹木希林・佐津川愛美ほか）を完成。
また、映像ディレクターとして、企業のプロモーション映像やWeb CM、教員向けeラーニングコンテンツ、ミュージックビデオなど幅広く映像制作を手掛ける。一方で、20年以上にわたって映像専門学校や俳優養成所で講師を務める。
これらの経験から、映像制作を通じて子どもたちのクリエイティビティを引き出すFilm Educationを提唱し、2022年、Film Education Labを設立。現在、小中高大や特別支援学級、フリースクール、塾など20以上の教育機関と連携して、40以上のワークショップや授業プログラムを実践している。

▽主な作品
映画　　：夢二人形（1998）、宮城野（2008）
舞台演出：歌舞伎「瞼の母」（2014）
写真　　：四代目 市川九團次（2015）、雪堂美術館（2016）
著作　　：『探究活動ではじめる動画・映像制作 〜映画監督がひもとく1人1台タブレット時代の新しい学び〜』Kindle版（2021）

Film Education Labのホームページ：http://f-lab.info

●監修

平井 聡一郎（ひらい そういちろう）

合同会社未来教育デザイン代表社員／情報通信総合研究所 特別研究員

茨城県の公立小中学校教諭、管理職、町村および県の指導主事を経て2017年4月より情報通信総合研究所特別研究員。
古河市教育委員会時代はICT機器を活用した授業改革に取り組み、特に全国初となるセルラーモデルのiPadとクラウドプラットフォームの活用、教員育成のためのICTエバンジェリスト制度の構築等は全国的に注目されてきた。GIGAスクール構想および学習指導要領の目指す教育の実現に向け、地方からの教育改革を目指し、学校DXに取り組んでいる。
現在、南牧村教育委員会教育CIOをはじめ、複数の教育委員会、私立学校のアドバイザー、茨城大学非常勤講師、経済産業省産業構造審議会臨時委員、経済産業省未来の教室評価・検討会議委員、文部科学省教育情報化専門家会議委員、文部科学省ICT活用教育アドバイザー、総務省地域情報化アドバイザー、デジタル庁デジタル推進委員を務める。

●執筆協力

市川 律子（いちかわ りつこ）

ライター／校正校閲者／ひふみコーチCo.,Ltd認定プロフェッショナルコーチ／ひふみコーチ for school事業運営事務局

「解きほぐし編みなおす」をコンセプトに、ライターとして、校正校閲者として、個人の電子書籍出版サポート、WEBサイト原稿やコンテンツ記事の執筆、メルマガの執筆代行などを行っている。プロコーチのスキルを活かし、傾聴で想いを引き出し、言語化するサポートが得意。教育問題に関心が高く、学校にコーチングやキャリア教育を広める活動にも参画。保護者・教育者向けにコーチングの基礎を伝える講座も開講している。苫野一徳オンラインゼミ生。高校生、中学生2児の母。

本文イラスト　ニシハマ カオリ
写真　山﨑 達璽
装丁／本文デザイン　森デザイン室／森 裕昌
DTP　株式会社シンクス
編集　コンピューターテクノロジー編集部
校閲　東京出版サービスセンター
レビュー　前多 昌顕、中村 めぐみ、岩本 紅葉

本書のご感想をぜひお寄せください

https://book.impress.co.jp/books/1122101032

読者登録サービス
CLUB impress

アンケート回答者の中から、抽選で図書カード（1,000円分）
などを毎月プレゼント。
当選者の発表は賞品の発送をもって代えさせていただきます。
※プレゼントの賞品は変更になる場合があります。

■商品に関する問い合わせ先

このたびは弊社商品をご購入いただきありがとうございます。本書の内容などに関するお問い合わせは、下記の URL または二次元バーコードにある問い合わせフォームからお送りください。

https://book.impress.co.jp/info/

上記フォームがご利用いただけない場合のメールでの問い合わせ先
info@impress.co.jp

※お問い合わせの際は、書名、ISBN、お名前、お電話番号、メールアドレス に加えて、「該当する
ページ」と「具体的なご質問内容」「お使いの動作環境」を必ずご明記ください。なお、本書の範囲
を超えるご質問にはお答えできないのでご了承ください。

●電話やFAXでのご質問には対応しておりません。また、封書でのお問い合わせは回答までに日数をいただ
く場合があります。あらかじめご了承ください。
●インプレスブックスの本書情報ページ https://book.impress.co.jp/books/1122101032 では、本書のサ
ポート情報や正誤表・訂正情報などを提供しています。あわせてご確認ください。
●本書の奥付に記載されている初版発行日から3年が経過した場合、もしくは本書で紹介している製品やサー
ビスについて提供会社によるサポートが終了した場合はご質問にお答えできない場合があります。

■落丁・乱丁本などの問い合わせ先

FAX　03-6837-5023
service@impress.co.jp
※古書店で購入された商品はお取り替えできません。

Impress Teachers Learn
動画・映像制作が創るクリエイティブな学び
映像表現を活用した小中高「探究学習」

2023年02月21日

著　者　　山﨑 達璽
監　修　　平井 聡一郎
発行人　　小川 亨
編集人　　高橋 隆志
発行所　　株式会社インプレス
　　　　　〒101-0051　東京都千代田区神田神保町一丁目105番地
　　　　　ホームページ　https://book.impress.co.jp

印刷所　シナノ書籍印刷株式会社

ISBN978-4-295-01598-7　C0037
Printed in Japan